Dalai Lama

Von Franz Binder

Deutscher Taschenbuch Verlag

Originalausgabe
Mai 2005
Dieses Buch folgt den Regeln der neuen deutschen Rechtschreibung.
© Deutscher Taschenbuch Verlag GmbH & Co. KG, München
www.dtv.de
Umschlagkonzept: Balk & Brumshagen
Umschlagfoto: © Ian Cumming / tibetimages
Satz: Agents – Producers – Editors, Overath
Gesetzt aus der Palatino
Druck und Bindung: APPL, Wemding
Gedruckt auf säurefreiem, chlorfrei gebleichtem Papier
Printed in Germany   ISBN 3-423-31080-4

dtv

portrait

Herausgegeben von Martin Sulzer-Reichel

Franz Binder lebt und arbeitet in München als freier Schriftsteller und Fotojournalist mit bislang über 20 Buchveröffentlichungen im Bereich Belletristik und Sachbuch. Über den tibetischen Kulturkreis veröffentlichte er bei <u>dtv</u> den Band ›Kailash. Reise zum Berg der Götter‹ sowie beim Hirmer Verlag die Bildbände ›Tibet – Land und Kultur‹ und ›Bhutan – Königreich des Donnerdrachen‹.

Inhalt

1   Seine Heiligkeit Tenzin Gyatso, XIV. Dalai Lama

Einleitung

Einer der Ehrentitel, mit denen der Dalai Lama von den Tibetern bedacht wird, lautet Yeshe Norbu, was so viel bedeutet wie »Wunscherfüllendes Juwel«. Betrachtet man die weltweite Wirkung des 14. Dalai Lama, so scheint es tatsächlich, dass er, einem geschliffenen Edelstein gleich, in einer Vielzahl von Facetten schillert. Waren die Dalai Lamas vor ihm über Hunderte von Jahren die politischen und religiösen Oberhäupter eines von der westlichen Welt fast vollständig isolierten, von Mythen und Legenden umrankten Landes jenseits des Himalaya, so wurde der 14. Dalai Lama zu einer der bekanntesten Persönlichkeiten der Erde. Aus dem »Gottkönig« und der »Gegenwart Buddhas« auf dem Löwenthron des Potala wurde nach seiner Flucht aus Tibet ein Medienliebling, eine Kultfigur, eine Projektionsfläche für schwärmerische Verehrung und geifernde Polemik. Gilt er gläubigen Tibetern als Verkörperung des Avalokiteshvara, des transzendenten Bodhisattva tiefsten Mitgefühls, so bezeichnen ihn chinesische Parteiorgane als Vertreter eines grausamen Unterdrückungssystems, als Separatist und Parasit. Buddhisten in aller Welt empfangen von ihm Belehrungen und Einweihungen in die Geheimnisse des buddhistisch-tantrischen Pfades, während Menschen aller Kon-

---

Ehrentitel der Dalai Lamas

Kundun – »Gegenwart«, gemeint ist »Allgegenwart« oder »Gegenwart Buddhas«
Yeshe Norbu – »Wunscherfüllendes Juwel«
Gyalwa Rinpoche – »Der kostbare Siegreiche«
Kyabgon – Bezeichnung für sehr hoch stehende Lamas eines Ordens
Seine Heiligkeit – im Westen gebräuchliche Anrede

fessionen in seiner Botschaft von Frieden, Gewaltlosigkeit und Toleranz die Werte beispielhafter Humanität verkörpert finden und den Dalai Lama als moralische Autorität schätzen. In chinesischen Gefängnissen und Arbeitslagern werden Tibeter gefoltert, weil sie öffentlich zum Dalai Lama stehen, während es in Kreisen von Intellektuellen, Esoterikern und Prominenten in den westlichen Industrienationen als chic und imagefördernd gilt, sich in die Nähe dieses stets fröhlich lachenden Mannes in der roten Mönchsrobe zu drängen. In obskuren Weltverschwörungstheorien spielt der Dalai Lama ebenso eine Rolle wie in den Aktivitäten politischer und humanitärer Hilfsorganisationen, die sich rund um den Globus für das besetzte Tibet und die Tibeter im Exil engagieren. Umfragen zufolge gilt er als weisester Mensch der Erde, Feinde verschiedenen Hintergrundes schimpfen ihn Seelenfänger, Fundamentalist und Dämon. Sein Leben war Thema großer Hollywood-Filme, eine unüberschaubare Flut von Büchern wirbt mit seinem Namen, er ist Stargast bei Kongressen, Kirchentagen, Symposien und Fernsehshows in aller Welt, Inhaber des Friedensnobelpreises und zahlloser anderer Auszeichnungen, Ge-

---

Zur Aussprache tibetischer Begriffe in diesem Buch

Worte aus dem Tibetischen und Sanskrit werden in diesem Buch in vereinfachter phonetischer Umschrift verwendet und können wie im Deutschen ausgesprochen werden, mit folgenden Ausnahmen:

ch	sprich	tsch
j	sprich	dsch
y	sprich	j
v	sprich	w
sh	sprich	sch

Beispiele:
Vajra sprich: Wadschra oder Chenresig sprich: Tschenresig

2 S. H. Tenzin
Gyatso,
XIV. Dalai Lama

sprächspartner von Wissenschaftlern und hohen politischen und geistlichen Würdenträgern, zugleich aber nur machtloses Oberhaupt einer Exilregierung, die von keinem Land der Erde anerkannt wird. Der »Ozean von Weisheit und Mitgefühl« repariert in seiner knappen Freizeit Uhren, gärtnert, beobachtet Tiere oder übt Scheibenschießen mit der Luftpistole. »Seine Heiligkeit« bezeichnet sich selbst bescheiden als einfachen Mönch, der morgens um vier Uhr aufsteht und mehrere Stunden am Tag meditiert und betet.

Dem »Phänomen Dalai Lama« lässt sich wohl am besten beikommen, wenn man nicht nur die Stationen seines Lebens, sondern auch die Entstehung und Bedeutung der Institution der Dalai Lamas nachzeichnet, die das geistige und politische Leben des alten Tibet maßgeblich prägte. Exkurse in die Geschichte des Schneelandes, in seine Religion und Kultur sind unverzichtbar, um Leben und Werk des buddhistischen Mönches Tenzin Gyatso besser verstehen zu können, dessen Ehrentitel Dalai Lama für viele Menschen synonym für den »Mythos Tibet« und das Schicksal des tibetischen Volkes steht.

Die Auffindung

Als am fünften Tag des fünften Monats im tibetischen Holz-Schwein-Jahr, nach westlicher Zeitrechnung am 6. Juli 1935, im Stall eines Bauernhauses im Dorf Taktser in der osttibetischen Provinz Amdo das neunte Kind der Familie Tsering das Licht der Welt erblickte, war dies ein Ereignis, um das ganz Tibet seit über anderthalb Jahren betete. Am 17. Dezember 1933, in einer für Tibet schwierigen und unstabilen Zeit, war der 13. Dalai Lama gestorben. Die Gebete um seine Gesundheit und ein möglichst langes Leben wandelten sich augenblicklich zu Gebeten um seine baldige Wiedergeburt. Denn nicht ein Erbe aus der Blutlinie eines Herrschergeschlechts konnte den verwaisten Löwenthron im Potala-Palast besteigen, auch nicht ein von Äbten, Adel oder Regierung gewählter Nachfolger, sondern ausschließlich seine eigene Reinkarnation. Im Schneeland sorgte seit Jahrhunderten ein auf der Welt einmaliges System für die geistige und politische Kontinuität in den verschiedenen Schulen und Großklöstern des tibetischen Buddhismus: die Tradition der Inkarnationslinien, der Tulkus.

Am 6. Juli 1935 aber wusste niemand in Tibet, dass sich die Bitten um die Reinkarnation des Dalai Lama erfüllt hatten, dass das weltliche und geistige Oberhaupt Tibets wiedergeboren war, denn der Sohn einer Bauernfamilie, den seine Eltern Lhamo Thöndup, was so viel bedeutet wie »Wunscherfüllende Göttin«, tauften, musste erst aufgefunden und als authentische Verkörperung des Dalai Lama anerkannt werden.

Die Suche

Die Suche nach Hinweisen auf die hohe Wiedergeburt begann unmittelbar nach dem Tod des »Großen Dreizehnten«. Der einbalsamierte, in Prunkgewänder geklei-

Wiedergeburt, Karma und Tulkutradition

Für die großen Religionen Asiens wie Hinduismus, Buddhismus und Jainismus ist die Vorstellung der Reinkarnation, verknüpft mit dem Konzept von Karma, Basis von Lehre und Praxis. Auch in der Philosophie und den mystischen Traditionen der westlichen Welt seit der Antike, selbst im frühen Christentum, spielt die Idee der Wiedergeburt eine Rolle.

Gemäß buddhistischer Auffassung durchläuft jedes »fühlende Wesen« seit anfangloser Zeit eine unendliche Abfolge von Inkarnationen; nicht nur in menschlicher Gestalt, sondern in den »sechs Seinsbereichen«, die auch Tierwelt und Götterwelt einschließen. Bestimmt wird jede einzelne Wiedergeburt auf diesem endlos sich drehenden »Rad des Samsara« von Karma, der jedem Wesen eigenen Summe seiner positiven und negativen körperlichen und geistigen Handlungen samt ihrer Konsequenzen. Gemäß dem Prinzip von Ursache und Wirkung ist Karma für die Umstände jeder Wiedergeburt verantwortlich, das heißt, jede neue Verkörperung ist von den selbst geschaffenen karmischen Anlagen der Vergangenheit geprägt. Somit werden gute wie schlechte Lebensumstände, besondere Talente, angeborene Probleme oder ungewöhnliche Schicksalsschläge als selbst verursachte Resultate von Karma erklärbar.

Wie ein geistiges Naturgesetz sorgt dieses »Entstehen in Abhängigkeit« für universale Gerechtigkeit, da im Lauf der zahllosen Verkörperungen auf positive wie auch negative Handlungen unausweichlich die entsprechende Konsequenz erfolgt. Zugleich schließt dieses System ewige Seligkeit oder ewige Verdammnis aus. Im beständigen Wandel ist auch das schlimmste Karma irgendwann einmal abgetragen und selbst eine Wiedergeburt in der Götterwelt oder der Hölle endet eines Tages mit Tod und erneuter Geburt. In diesem mit der Präzision eines Uhrwerks funktionierenden Schicksalsgeflecht ist ein persönlicher Schöpfergott, der die Geschicke der von ihm geschaffenen Wesen lenkt und durch Gnade oder Bestrafung in sie eingreift, überflüssig und bleibt im Buddhismus auch ausgeklammert. Da der Mensch durch eigene Taten und Gedanken sein gegenwärtiges und seine künftigen Leben selbst bestimmt, liegt es auch allein an ihm, nach Erlösung vom Rad der Wiedergeburten zu streben. Kern der Lehre Buddhas ist nicht das Anhäufen von »Verdiensten«, die eine günstige Wiedergeburt bewirken, sondern die Befreiung, das Überwinden des als leidhaft empfundenen Kreislaufs von Vergänglichkeit, Tod und Wiedergeburt – nicht durch Gnade eines Gottes,

Wirken eines Erlösers, Vermittlung einer Priesterschaft oder ähnliches, sondern allein aus individueller Bemühung auf dem »Edlen Achtfachen Pfad«.

Der Mahayana-Buddhismus, der sich etwa ab dem 1. Jh. v. u. Z. herausbildete, fügte dem einen entscheidenden Faktor hinzu: Sein Ideal ist nicht nur das Erlangen individueller Befreiung, sondern der vorläufige freiwillige Verzicht auf das Nirvana, um allen anderen Wesen auf ihrem Weg zu diesem Ziel helfen zu können. Dieses Bodhisattva-Ideal stellt die Grundmotivation dar, die in der tibetischen Tradition des Buddhismus dazu führte, dass Wesen mit einem hohen Grad an

spiritueller Verwirklichung sich bewusst wiederverkörpern, um nach ihrer Wiedergeburt gezielt aufgefunden und erneut in ihre Position als geistige Lehrer eingesetzt zu werden. Anstatt wie gewöhnliche Menschen hilflos dem Gesetz des Karma zu unterliegen, haben sie aufgrund ihres Erleuchtungsgrades die Fähigkeit, sich willentlich und gezielt zu verkörpern. Im Tibetischen werden sie Tulku genannt, was so viel bedeutet wie »Körper der Verwandlung«.

Das Tulku-System ist als speziell tibetisches Phänomen einzigartig in der gesamten Welt des Buddhismus. Die erste bekannte Tulku-Linie entwickelte sich Anfang des 13. Jahrhunderts, als der 2. Karmapa, Oberhaupt der Karma-Kagyü-Schule, vor seinem Tod Hinweise auf die Umstände seiner Wiedergeburt gab und gemäß diesen Andeutungen ein Jahr später ein Kind als wiedergeborener Karmapa aufgefunden und inthronisiert wurde. Die anderen Schulen übernahmen dieses System, und im Laufe der Zeit entwickelten sich einige tausend solcher Inkarnationslinien im gesamten tibetischen Kulturkreis, von denen die der Dalai Lamas am bekanntesten ist. Die Tulkus genießen ungeachtet ihrer Herkunft – viele Tulkus stammen aus einfachen Bauern- oder Nomaden-

3, 4 Der Dalai Lama mit Thuksey Rinpoche, einem hohen Lama aus Darjeeling, kurz vor dessen Tod im Jahr 1983 (linkes Bild) und mit der Wiedergeburt von Thuksey Rinpoche (rechtes Bild).

familien – innerhalb der klösterlichen Hierarchie eine privilegierte Stellung, erhalten eine langjährige umfassende Ausbildung durch die besten verfügbaren Lehrer und werden schließlich wieder in die geistige und weltliche Position ihres Vorgängers eingesetzt. Da in Tibet die spirituelle Stellung eines Tulku oft auch mit sozialem Prestige, Reichtum und politischem Einfluss verbunden ist, kam es immer wieder zum Missbrauch der Tulku-Tradition, sei es durch verfeindete Interessengruppen innerhalb der Mönchsgemeinschaft, durch lokale Adelsfamilien, die mithilfe eines in ihrer Familie geborenen Tulku ihren Einfluss zu mehren suchten, oder durch Fremdmächte wie Mongolen und Chinesen, die sich im Laufe der tibetischen Geschichte immer wieder bei der Auffindung von Tulkus einmischten. Stellt die »spirituelle Erblinie« der Tulku-Tradition die Kontinuität von geistigem Status, politischem Einfluss und Besitzansprüchen sicher, so liegt ihre Schwäche in der Instabilität, die in der Zeitspanne zwischen Tod der alten Inkarnation und Auffindung der Wiedergeburt sowie in den Jahren seiner Minderjährigkeit entsteht. Auch die Auffindung und zweifelsfreie Identifizierung der Wiedergeburt ist schwierig und sorgt immer wieder für Auseinandersetzungen. Und schließlich ist nicht immer sichergestellt, dass die Tulkus ihrer Rolle und den hohen an sie gestellten spirituellen Erwartungen gerecht werden. Ihr »angeborener« Status ist ihnen aber nicht zu nehmen, auch wenn sie sich später von ihrer religiösen Verantwortung zurückziehen. So haben beispielsweise zwei Brüder des Dalai Lama, die ebenfalls als Tulkus erkannt und erzogen worden waren, ihre Mönchsrobe zurückgegeben und sich für ein weltliches Leben entschieden.

Das Tulku-System setzt sich bei den Exiltibetern fort, und durch die Ausbreitung des tibetischen Buddhismus in westliche Länder gab es bereits die ersten Fälle von Wiedergeburten in nichttibetischen Familien. Auch einige wenige weibliche Tulku-Linien sind überliefert.

dete Leib des verstorbenen Kundun, an dem die Bewohner Lhasas vorüberzogen, um ihm ein letztes Mal zu huldigen, habe zweimal über Nacht den Kopf nach Nordosten gedreht, obwohl er mit dem Gesicht nach Süden aufgebahrt lag, so wurde berichtet. An der nordöstlichen Säule des Raumes, in dem der Stupa des toten Dalai Lama gebaut wurde, wuchs ein auffälliger sternförmiger Schwamm, und auch die drei Staatsorakel Nechung, Gadong und Samye wandten sich in ihrer Trance in diese Himmelsrichtung. Aus diesen und anderen Vorzeichen wurde die Richtung geschlossen, in der sich die Wiedergeburt ereignen würde.

Im Sommer 1935, nach der Beisetzung des 13. Dalai Lama in seinem vergoldeten, zwei Stockwerke hohen Stupa im Potala, machte sich Reting Rinpoche, der in der Abwesenheit des Dalai Lama als Regent eingesetzt war, mit einigen hohen Beamten auf den Weg zu dem als Orakelgewässer verehrten Bergsee Lhamo Latso, der traditionell zur Inkarnation von Dalai Lamas befragt wurde. Der Lhamo Latso gilt den Tibetern als »See der Lebensenergie« der Dalai Lamas. Schon der 2. Dalai Lama hatte in der Nähe des Sees ein Kloster errichten lassen und alle späte-

---

Stupa

Tibetisch: Chörten. Diese dem Buddhismus ureigenste Architekturform ist im gesamten buddhistischen Kulturkreis in verschiedenen Abwandlungen zu finden. Ursprünglich Symbol für den erleuchteten Geist Buddhas und Aufbewahrungsort für Reliquien, Verehrungsobjekte oder die sterblichen Überreste bedeutender religiöser Persönlichkeiten. Ein Stupa gilt auch als dreidimensionales Mandala, als Abbild des Kosmos, als Verbildlichung der verschiedenen Stufen auf dem Erleuchtungsweg, der fünf Elemente und anderer Aspekte buddhistischer Lehre. Die Holzsäule im Inneren des Stupa symbolisiert die Weltachse, den Weltenberg Meru.

ren Dalai Lamas waren zu dem See gepilgert und hatten in diesem Kloster meditiert. In einer Vision erblickte der Regent im Wasser die Buchstaben »ah«, »ka« und »ma« sowie das Bild eines Klosters mit Dächern aus Jade und Gold und einer Straße, die vom Kloster zu einem kleinen Haus mit türkisblauen Dachziegeln und einer eigenartig geformten Regenrinne führt. Fast ein Jahr hielt Reting Rinpoche seine Vision geheim, erörterte sie nur mit ausgewählten Lamas und Orakeln, bevor er sie schließlich der tibetischen Nationalversammlung offenbarte.

Neben den anderen Vorzeichen, die auf eine Wiederverkörperung des Dalai Lama im Nordosten des Landes deuteten, wurde der Buchstabe »ah«, der im See erschienen war, als Hinweis auf die nordöstliche Provinz Amdo aufgefasst. Dies stieß bei einigen Mitgliedern der Regierung auf Widerstand, waren sie sich doch der Probleme bewusst, die eine Suche nach dem neuen Dalai Lama in einem Gebiet, das seit dem 18. Jahrhundert unter chinesischer Kontrolle stand, mit sich bringen würde. Seit Tibet unter dem 13. Dalai Lama die De-facto-Unabhängigkeit von China errungen hatte, versuchte der große Nachbar jede sich bietende Gelegenheit zu nutzen, um das alte Spiel um Einfluss und Vorherrschaft in Tibet wieder aufzugreifen. Die Suche nach der Wiedergeburt des Dalai Lama in chinesisch kontrolliertem Gebiet konnte leicht zu folgenschweren Verwicklungen und zu einer Gefährdung der Souveränität Tibets führen. Einige Mitglieder der Nationalversammlung favorisierten daher ein Kind aus der Verwandtschaft eines hohen Regierungsbeamten, das unter Glück verheißenden Zeichen in Lhasa geboren worden war.

Doch die Mehrheit folgte der Empfehlung des Regenten und entsandte im Herbst 1936 drei Suchtrupps, jeder bestehend aus Mönchen, Beamten und Dienern und angeführt von einem hochrangigen Lama. In Amdo im Nordosten, in Kham im Osten und in den südöstlichen Provinzen Takpo und Kongpo sollten diese Gruppen je zwei oder drei Kandidaten ausfindig machen und zur endgültigen Entscheidung nach Lhasa bringen. Die Gruppe, die nach Amdo aufbrach, stand unter der Leitung von Ketsang Rinpoche aus dem Kloster Sera.

Unterwegs erreichte Ketsang Rinpoche die Einladung des Panchen Lama, des Vertreters der zweitwichtigsten Inkarnationslinie Tibets, die traditionell in enger Beziehung mit den Dalai Lamas stand. Nach Konflikten mit dem 13. Dalai Lama war dieser Panchen Lama, der neunte in seiner Linie, jedoch nach China geflüchtet. Der 13. Dalai Lama hatte die Rückkehr des Exilanten strikt abgelehnt und nun, nach dem Tod des »Großen Dreizehnten«, führte der Panchen Lama zähe Verhandlungen mit der Regierung in Lhasa über die Modalitäten seiner Heimkehr in sein Stammkloster Tashilunpo in Zentraltibet. Er teilte dem Suchtrupp mit, dass er während seines Aufenthalts im Kloster Kumbum in Amdo drei hoffnungsvolle Knaben ausfindig gemacht habe. Obwohl der 9. Panchen Lama in Tibet wegen seiner prochinesischen Haltung umstritten war, er manchen gar als Sprachrohr und Werkzeug Chinas galt, war sein Wort doch das einer unangefochten hohen spirituellen Autorität. Unter den drei Kandidaten auf der Liste des Panchen Lama fand sich auch der kleine Bauernsohn Lhamo Thöndup aus dem Dorf Taktser. Ketsang Rinpoche führte seine Gruppe also nach Kumbum. Dieses riesige Kloster war 1560 vom 3. Dalai Lama am Geburtsort Tsongkhapas erbaut worden, jenes Begründers der Schule der Gelugpa, die unter dem 5. Dalai Lama zum herrschenden buddhistischen

Lama / Rinpoche

Ein Lama ist ein fortgeschrittener Mönch oder Yogi, der nach langem Studium und einer über dreijährigen Meditationsklausur als spiritueller Lehrer und Ritualmeister zu wirken beginnt. Besonders verehrte Lamas und vor allem Tulkus (wiedergeborene Lamas) werden mit dem Ehrentitel »Rinpoche« angesprochen, was so viel bedeutet wie »Kostbarer«.

Orden Tibets aufgestiegen war. Als die Gruppe im Mai 1937 erstmals die jadefarbenen und goldenen Dächer Kumbums vor sich sah, schien dies wie die Erfüllung der Vision des Regenten, der ein solches Kloster im Orakel-see erblickt hatte.

Die Mitglieder der Abordnung machten sich daran, weitere Kandidaten ausfindig zu machen und hatten nach einigen Wochen neben zweien von der Liste des Panchen Lama – der dritte war vor ihrer Ankunft verstorben – zwölf Knaben vorgemerkt.

Im Juli 1937 statteten die Mönche und Beamten Ma Pu-feng, dem Militärmachthaber der Region, einem chinesi-schen Moslem, einen Höflichkeitsbesuch ab, um Ge-schenke zu überbringen und ihn von ihrem Vorhaben zu unterrichten, in seinem Gebiet nach einer hochrangigen Inkarnation zu suchen. Ma Pu-feng regierte nominell zwar im Namen Chinas, übte seine Macht jedoch vor allem gemäß eigenen Interessen aus.

Heimatort und Familie
Der Distrikt Dokham um das Dorf Taktser (»leuchtender Tiger«), wo die Hochplateaus und Berge Tibets zu den Ebenen Chinas hin abfallen, war von einer gemischten Be-völkerung bewohnt. Die Tibeter besiedelten vor allem die höheren Lagen, vorwiegend Muslime die Ebenen. Zwar zählte Amdo wie auch Kham zum ethnisch-kulturellen Raum Gesamttibets, doch hatten sich über die Jahrhun-derte auch islamische Ethnien, Han-Chinesen und Mon-golen hier angesiedelt. Seit dem 18. Jahrhundert standen die meisten der diversen osttibetischen Fürstentümer und Königreiche unter chinesischer Oberherrschaft. Die tibetischen Amdopas (Bewohner von Amdo) und die Khampas (Bewohner von Kham) waren sehr freiheitslie-bende Stämme, denen es nicht einfallen würde, sich als Bödpas (Tibeter, Bewohner von Zentraltibet) zu bezeich-nen, und die auch eine Oberherrschaft durch die Regie-rung in Lhasa nicht gerne akzeptierten. Ein gesamttibe-tisches »Nationalbewusstsein« bildete sich erst in der

zweiten Hälfte des 20. Jahrhunderts nach dem Überfall der Chinesen und später in der Gemeinde der Exiltibeter heraus.

Die bäuerliche Gemeinschaft der rund zwanzig Familien in Taktser, die sich auf einer Höhe von rund 2750 m vor allem von Weizen- und Gerstenanbau und Viehzucht ernährte, bestand aus Amdopas. Etwa 40 Kilometer östlich von Kumbum liegt Taktser und verfügt selbst über ein bedeutendes Kloster: Das Karma Shartsong Ridro Kloster im Schatten des Berges Ami-chiri, des »Berges, der den Himmel durchstößt«, war vom 4. Karmapa begründet worden und Tsongkhapa hatte hier seine Mönchsweihe erhalten. Auch dieses Kloster besaß eine eigene Inkarnationslinie – die der Taktser Rinpoches. Es ist bemerkenswert, dass der älteste Bruder jenes Lhamo Thöndup, dessen Name auf der Liste des Panchen Lama stand und den der Suchtrupp aus Lhasa nun als Ersten zur Prüfung vorsah, als Wiederverkörperung des verstorbenen Taktser Rinpoche aufgefunden worden war und im Kloster Kumbum auf seine Aufgabe vorbereitet wurde. Auch ein zweiter Bruder, der nur zwei Jahre ältere Lobsang Samten, war zum Mönch bestimmt und schon als Dreijähriger ins Kloster Kumbum gegeben worden. Vielleicht hatte diese Tatsache die Aufmerksamkeit des Panchen Lama auf die Bauernfamilie aus Taktser gelenkt.

Die Familie des Dalai Lama

Vater: Chökyong Tsering, 1899–1947
Mutter: Dekyi Tsering, geb. Sönam Tsomo, 1900–1981
Kinder: Tsering Dölma, 1919–1964
Thubten Jigme Norbu (Taktser Rinpoche) 1922
Gyalo Thöndup, 1928
Lobsang Samten, 1933–1985
Lhamo Thöndup (Tenzin Gyatso, S. H. 14. Dalai Lama), 1935
Jetsun Pema, 1940
Tendzin Chögyal (Ngari Rinpoche), 1946

Lhamo Thöndup war das neunte Kind, doch vier seiner Geschwister waren vor seiner Geburt gestorben. Insgesamt überlebten von 16 nur sieben Kinder der Familie Tsering die frühe Kindheit – der Dalai Lama hat vier Brüder und zwei Schwestern. Die Familie Tsering zählte zu den freien Bauern, die nicht einem Feudalherrn als Leibeigene angehörten, sondern die selbst Dienstboten und Erntehelfer beschäftigten.

Die Prüfungen
Als sich zwei Mitglieder der Gruppe aus Lhasa und ein Diener, geführt von zwei ortskundigen Mönchsbeamten, dem Bauernhaus in Taktser näherten, nahmen sie mit Interesse zur Kenntnis, dass die Kanten des flachen Daches mit türkisfarbenen Ziegeln eingefasst waren und die Regenrinne aus Wacholderästen eigenartig gebogen war, so wie es dem Regenten in seiner Vision erschienen war. Sie hatten sich als Kaufleute verkleidet und Ketsang Rinpoche, der Anführer des Suchtrupps, war sogar in die Rolle eines Dieners geschlüpft, um sich unauffällig im Haus umsehen zu können. Die fremden Reisenden wurden gastlich aufgenommen. Ihr vermeintlicher Anführer wurde der Sitte gemäß zur Familie ins Haus gebeten, während die anderen beim Gesinde unterkamen.

In der Küche kam Ketsang Rinpoche erstmals mit Lhamo Thöndup in Kontakt. Der Kleine drängte sich ohne Scheu auf seinen Schoß und bettelte um die Gebetskette, die um den Hals des Gastes hing und die früher dem 13. Dalai Lama gehört hatte. Der Lama versprach dem Zweijährigen, er könne die Kette haben, wenn er wisse, wer er sei. »Sera-Aga«, antwortete das Kind, was im lokalen Dialekt so viel bedeutete wie »Lama von Sera«. Auch den Namen des Rinpoche wusste es zu nennen und selbst den Namen des Dieners, der als falscher Anführer der kleinen Reisegruppe bei den Eltern in der guten Stube saß. Als die Fremden, beeindruckt von dem kleinen Lhamo Thöndup, am anderen Morgen aufbrachen, wollte der Knabe unbedingt mit ihnen kommen.

5 Lhamo Thöndup
nach seiner Auffindung.

Weitere Hinweise verdichteten die Annahme, der Junge aus Taktser könnte die gesuchte Wiedergeburt sein. Der 13. Dalai Lama hatte 1909 auf seinem Rückweg von China im Kloster von Taktser geweilt und die Huldigungen der Bevölkerung – darunter der damals neunjährige Vater von Lhamo Thöndup – entgegengenommen. Der »Große Dreizehnte« hatte ein Paar seiner Stiefel im Kloster zurückgelassen und, so wurde berichtet, das Bauernhaus mit den türkisfarbenen Dachziegeln mit Wohlgefallen betrachtet und geäußert, dies sei ein wunderschöner Ort.

In einem verschlüsselten Telegramm, das über die Handelsniederlassung Kalimpong in Indien nach Lhasa geleitet wurde, meldete der Suchtrupp seine ersten Ergebnisse. Der andere Kandidat von der Liste des Panchen Lama hatte sich als Fehlgriff erwiesen. Der Knabe hatte die Fremden gemieden und sich allen Versuchen widersetzt, ihn der traditionellen Prüfung zu unterziehen. Er wurde später jedoch als die Inkarnation eines anderen Lama anerkannt. Die telegrafische Antwort aus Lhasa wies den Suchtrupp an, den »viel versprechenden« Kandidaten aus Taktser weiter zu prüfen.

6 Der trans-
zendente
Bodhisattva
Avalokitesh-
vara in seiner
elfköpfigen,
tausend-
armigen
Erscheinungs-
form. Wand-
malerei.

Nun erschien der Suchtrupp in voller Stärke und ohne Verkleidung in dem kleinen Dorf. Die offizielle Prüfung von Lhamo Thöndup wurde an einem Tisch in seinem Elternhaus vorgenommen. Zwei völlig gleiche schwarze Gebetsketten wurden ihm vorgelegt – er griff sicher nach jener, die dem 13. Dalai Lama gehört hatte. Auch von zwei gelben Gebetsketten wählte er jene seines Vorgängers, ebenso von zwei Gebetstrommeln, einer schlichten, kleinen, die dem »Großen Dreizehnten« gehört hatte, und einer größeren, reich geschmückten. Zuletzt legte man dem Zweijährigen zwei Wanderstäbe vor. Erst griff er den »falschen«, betrachtete ihn eine Weile, legte ihn zurück und nahm den anderen. Ketsang Rinpoche, verwundert über dieses Zögern, erinnerte sich, dass auch der erste Stab dem 13. Dalai Lama gehört hatte, bevor dieser ihn verschenkte.

Für die Gruppe aus Lhasa gab es keinen Zweifel mehr, dass sie die Reinkarnation des Kundun gefunden hatte. Offenbar entdeckten die Männer bei einer Untersuchung des Knaben auch die körperlichen Merkmale, die eine Wiedergeburt des Dalai Lama aufweisen soll – unter anderem getigerte Haut an den Beinen, ein Muschelmuster in den Handflächen und zwei kleine Höcker an den

Avalokiteshvara

Tibetisch: Chenresig. Einer der wichtigsten Transzendenten Bodhisattvas des Mahayana-Buddhismus, der den Aspekt grenzenlosen Mitgefühls verkörpert. Er ist der »Mitleidvoll Herabblickende«, »Der die Schreie der Welt erhört«, und gilt als wirkende Kraft des Transzendenten Buddha Amitabha. Er versprach, sich besonders um Tibet zu kümmern, und genießt daher als Schutzpatron des Schneelandes höchste Verehrung. Die Dalai Lamas gelten als seine irdische Verkörperung, doch werden auch andere bedeutende Personen tibetischer Geschichte und Religion als Ausstrahlungen von Avalokiteshvara verehrt, beispielsweise König Songtsen Gampo. Seine Wesensnatur kommt im verbreitetsten Mantra Tibets zum Ausdruck, dem »Juwelenmantra« OM MANI PADME HUM (Om, Juwel in der Lotosblüte, Hum), mit dem er auch angerufen wird und das viele Tibeter fast ununterbrochen zum Drehen ihrer Gebetsmühlen oder Bewegen ihrer Gebetsketten murmeln – »... und rezitieren es Hunderte, Tausende, Zehntausende und Hunderttausende Male, so wie wenn ein Kind verängstigt ist und nach seiner Mutter ruft.« In der tibetischen Kunst wird Avalokiteshvara in weit über hundert Erscheinungsformen dargestellt, unter anderem als elfköpfiger, tausendarmiger Avalokiteshvara (siehe Abb. 6) Die tausend Arme mit den ausgestreckten, mit je einem Auge versehenen Handflächen symbolisieren die Allgegenwart dieses transzendenten Bodhisattva und seine Fähigkeit, überall in allen Seinsbereichen das Leiden der Wesen zu lindern.

Schulterblättern. Letztere galten als Hinweis auf die beiden zusätzlichen Arme des transzendenten Bodhisattva Avalokiteshvara in seiner vierarmigen Erscheinungsform, denn bekanntlich gilt der Dalai Lama als irdische Verkörperung dieses allumfassendes Mitgefühl repräsentierenden Erleuchtungswesens. Auch die Mutter des kleinen Lhamo Thöndup berichtete von Vorzeichen, die sich vor und während der Geburt ihres Sohnes ereignet hatten, von Träumen und ungewöhnlichem Verhalten des Kleinen, das darauf hindeutete, dass er etwas Besonderes sei. Große Häuser, größer als alle Gebäude, die er je gesehen hatte, habe er auf den Boden gezeichnet und erklärt, er würde bald in solch einem Haus wohnen. Seine Sachen habe er in einen Sack gepackt und gerufen, er ziehe jetzt nach Lhasa. Und anderes mehr. Daher schien es der Familie nicht ungewöhnlich, dass auch ein zweiter Sohn ein Tulku sein könnte. Doch selbst die Eltern ahnten nicht, dass die Gruppe aus Lhasa gekommen war, um die Wiedergeburt des Dalai Lama in ihrem Haus zu suchen. Es gab genügend andere Inkarnationslinien in Tibet. Praktisch ununterbrochen wurde nach außergewöhnlichen Knaben gesucht, die als Kandidaten für die Wiederverkörperung bedeutender Lamas in Frage kamen.

In seiner Autobiografie erinnert sich der Dalai Lama aber auch an ganz »normale« Ereignisse seiner frühen Kindheit: »Auch Hühner besaßen wir, und ich durfte im Hühnerstall die Eier suchen. Es gehört zu meinen frühesten Erinnerungen, dass ich in einen der Brutkästen kletterte, mich dort zusammenkauerte und wie eine Henne gackerte.« Doch die Zeit solch unbeschwerten Kindseins war für Lhamo Thöndup schon nach zwei Jahren für immer vorbei.

Wieder meldete der Suchtrupp das Ergebnis der Prüfungen telegrafisch nach Lhasa und erhielt die Antwort, den Jungen unverzüglich in die Hauptstadt zu bringen. Da die Telegrafenleitung über das indische Kalimpong verlief, waren auch die Engländer in Indien schon früh im Bilde, dass offenbar die Reinkarnation des Dalai Lama

aufgefunden worden war. Nun aber galt es, den Knaben
nach Lhasa zu bringen, ohne bei den chinesischen Behörden unnötiges Aufsehen zu erregen. Obwohl die Entscheidung gefallen war, wurden auch die anderen zwölf
Knaben auf der Liste des Suchtrupps der Prüfung unterzogen, ohne dass auch nur einer von ihnen mehr als eines
der ihm vorgelegten Objekte richtig herausfand. Ma Pu-
feng wurde informiert, dass das Kind aus Taktser zwar
besser abgeschnitten habe als die anderen, aber noch keine endgültige Entscheidung getroffen sei. Der muslimische Generalgouverneur jedoch witterte ein Geschäft. Er
ahnte, dass es um die Wiedergeburt des Dalai Lama ging.
Er ließ den Jungen und seine Familie in seinen Amtssitz
bringen, um sich dieses wichtige Pfand zu sichern. Auf
Bitten des Suchtrupps stimmte Ma Pu-feng zu, dass der
Junge im Kloster Kumbum untergebracht werden durfte.
Aus dem zweijährigen Bauernsohn war ein Objekt politischer Machtspiele geworden.

7 Lhamo Thöndup kurz vor seiner Abreise nach Lhasa.

Die Reise nach Lhasa

In Kumbum teilte Lhamo Thöndup das Schicksal unzähliger tibetischer Knaben, die schon in früher Kindheit das Elternhaus verlassen und in der Männerwelt eines Klosters aufwachsen müssen. Hatten die »normalen« Novizen, die von ihren Familien den Mönchen übergeben wurden – und meist beim Eintritt ins Kloster schon etwas älter waren –, wenigstens noch den Vorteil, in einer relativ großen Schar gleichaltriger Schicksalsgenossen etwas Trost und Geborgenheit zu finden, so gestaltete sich das klösterliche Leben der privilegierten Tulkus, der Wiedergeburten, weit einsamer. Lhamo Thöndup lebte in Kumbum mit seinen beiden Brüdern zusammen, dem 16-jährigen Thubten Jigme Norbu, dem »Taktser-Rinpoche«, der in seiner klösterlichen Ausbildung schon fortgeschritten war, und dem fünfjährigen Lobsang Samten, der von seiner Familie zum Mönch bestimmt war. Dem Ältesten oblag die Pflicht, seine beiden Brüder, die oft genug weinend bettelten, nach Hause zu den Eltern gebracht zu werden, zu trösten. »Alles in allem war ich in dieser Phase meiner Kindheit aber doch einsam und unglücklich«, schreibt der Dalai Lama lakonisch in seiner Autobiografie.

Indes zogen sich die Verhandlungen mit dem chinesischen Generalgouverneur hin. Ma Pu-feng forderte für die Ausreisegenehmigung 100 000 Silbermünzen. Per Boten wurde Lhasa informiert, Monate später traf die geforderte Summe ein. Nun berief sich Ma Pu-feng auf die Äbte und Lamas des Klosters Kumbum. Sollte der kleine Junge im Kloster tatsächlich der Dalai Lama sein, so müsse das in Kumbum bekannt gegeben werden, damit die Mönche und auch das Volk seinen Segen erhalten könne. Die Führer des Suchtrupps behaupteten immer wieder, der Knabe sei nur einer von mehreren Kandidaten und erst in Lhasa könne mithilfe von Orakeln und hohen Lamas die endgültige Entscheidung getroffen werden. Ma Pu-feng setzte ein zweites Lösegeld fest, diesmal 300 000 Silbermünzen. Auch das Kloster Kumbum wollte nicht zu kurz kommen – es forderte von Lhasa als Entschädigung eine komplette Ausstattung von Prunkgewändern des 13. Dalai Lama, einen seiner Throne und kostbare Bücher. Wieder vergingen Monate, bis eine Lösung gefunden wurde. Die tibetische Regierung nahm Kontakt mit China auf, um die Angelegenheit auf höherer Ebene zu regeln, doch die Forderungen Chinas waren erst recht unannehmbar, schlossen sie doch unter anderem ein, dass der Knabe von einer chinesischen Eskorte nach Lhasa geleitet werden sollte. Schließlich willigte Lhasa in die Bedingungen des Generalgouverneurs ein. Um sicherzugehen, dass es nach Bezahlung des zweiten Lösegeldes nicht zu weiteren Verzögerungen kam, bediente man sich einer Gruppe von muslimischen Kaufleuten als Mittler. Diese Händler, die gerade zu einer Pilgerfahrt über Indien nach Mekka aufbrachen, streckten das Geld vor und sollten es später in indischen Rupien zu einem für sie sehr vorteilhaften Kurs zurückerhalten, sobald der Junge aus Taktser heil in Lhasa angekommen war.

Endlich, im Juli 1939, kurz nach dem 4. Geburtstag von Lhamo Thöndup, brach die Karawane in Amdo auf. Mit ihr reiste auch die Familie des jungen Dalai Lama, ausgenommen seine ältere Schwester, die später nachkommen sollte, und Taktser Rinpoche, der im Kloster Kumbum blieb. Zusammen mit seinem Bruder Lobsang Samten wurde Lhamo Thöndup in einer Sänfte getragen, die nicht selten durch die Balgereien und Raufereien der beiden Knaben gefährlich ins Schwanken kam. Fast dreieinhalb Monate dauerte die Reise nach Lhasa. Am 23. August 1939, die Reisenden hatten den chinesischen Machtbereich bereits verlassen, bestätigte die Nationalversammlung in Lhasa offiziell und einstimmig das Auffinden des 14. Dalai Lama, um chinesischen Ansprüchen nach Mitsprache bei der endgültigen Bestimmung der Wiedergeburt zuvorzukommen. Würdenträger wurden ausgesandt, um die Karawane mit dem kostbaren Kind zu empfangen. Eine große, in Festgewänder gekleidete Menschenmenge erwartete den neuen Herrscher Tibets außerhalb Lhasas, darunter der Regent, alle hohen Regierungsbeamten, die

leitenden Äbte der Großklöster, die in Lhasa lebenden
Vertreter Bhutans, Nepals und Chinas sowie Hugh Richardson, der Leiter der britischen Mission in Lhasa, der
später einen Augenzeugenbericht an die ›Times‹ sandte.
Der vierjährige Lhamo Thöndup, der am 8. Oktober 1939
in prachtvoller Prozession in Tibets Hauptstadt einzog,
ahnte nicht, dass er fortan nicht nur der am höchsten verehrte Tulku des gesamten tibetischen Kulturkreises war,
der verkörperte Avalokiteshvara, sondern auch Spielball
in den politischen Rangeleien zwischen Tibet und China
und in den Intrigen des verkrusteten Regierungs- und
Klosterapparats des alten Tibet. Um die politischen und
gesellschaftlichen Verhältnisse verstehen zu können, in
denen der Dalai Lama aufwuchs und die schließlich zu
seiner Flucht ins Exil führten, ist es unumgänglich, einen
Blick auf die Biografien seiner Vorgänger im Amt des
Dalai Lama im Verlauf der Geschichte Tibets zu werfen.
Vor allem während der Regierungszeit seiner unmittel-
baren Vorinkarnation, des »Großen Dreizehnten«, wurden
die Weichen gestellt für das Leben des 14. Dalai Lama und
für das Schicksal Tibets bis zur Gegenwart.

Nach einer kurzen Rast wurde der Dalai Lama in einer
großen vergoldeten Sänfte, über der ein Schirm von Pfauen-
federn und ein anderer aus gelber Seide schwankten, wieder
heruntergetragen, um im Pfauenzelt die Huldigung entge-
genzunehmen. Nachdem man ihn dort auf den Thron gesetzt
hatte, defilierten die hohen Beamten, angeführt vom Regenten, an ihm vorbei, wobei sie sich dreimal vor ihm zu Boden
warfen. Sie überreichten ihm weiße Seidenschals und empfingen dann seinen Segen. Der Dalai Lama, angetan mit gel-
bem Brokat und einem Fellhut mit gelber Spitze, saß gesam-
melt und würdevoll auf seinem Thron, während er den
Gläubigen durch Handauflegen seinen Segen erteilte.
Aus dem Bericht von Hugh Richardson in der ›Times‹

Die Dalai Lamas in der Geschichte Tibets

Mythische Himmelskönige der Yarlung-Dynastie standen am Anfang tibetischer Geschichte, doch erst mit Songtsen Gampo, der 629 n. Chr. den Thron bestieg, trat Tibet ins Licht geschriebener Historie. Er vereinte Tibet unter seiner Herrschaft und begann, die Macht über die Grenzen der tibetischen Hochebenen auszudehnen. Unter Songtsen Gampo fasste der Buddhismus erstmals Fuß im Schneeland. Doch erst unter König Trisong Detsen, der im 8. Jahrhundert den indischen Gelehrten Shantirakshita und den legendären Tantriker und Magier Padmasambhava ins Land rief, entstand in Samye die erste buddhistische Klostergemeinschaft. Die ursprüngliche tibetische Religion des Bön wurde vom Buddhismus zurückgedrängt, blieb aber im Volk und bei vielen lokalen Fürsten verwurzelt. Unter Trisong Detsen und seinen Nachfolgern stieg Tibet zur vorherrschenden Militärmacht Zentralasiens auf. Sogar die chinesische Hauptstadt Chang'an (heute Xian), eine der größten Städte der damaligen Welt, wurde eingenommen, ebenso die rei-

Der tibetische Buddhismus

Der historische Buddha, der gemäß buddhistischer Zeitrechnung 563 v. u. Z. geboren wurde, dessen Lebensdaten von der modernen Wissenschaft aber ins 5. und 4. vorchristliche Jahrhundert verlegt wurden, wirkte und lehrte in Indien. Als Fürstensohn lebte er anfangs in Luxus. Einsicht in die Vergänglichkeit des Daseins ließ ihn zu einem extremen Asketen werden, doch schließlich fand er auf dem »Mittleren Weg« die Erleuchtung durch Meditation, begann zu lehren, sammelte Schüler um sich und erließ Regeln für einen Mönchsorden. Bald nach seinem Tod kam es zu Aufspaltungen der buddhistischen Gemeinschaft in verschiedene Schulen, aus denen um die Zeitenwende auch der Mahayana-Buddhismus hervorging. In den Schulen des frühen Buddhismus (Hinayana = kleines Fahrzeug) steht die spirituelle Befreiung des einzelnen Mönches im Zentrum. Das »große Fahrzeug« Mahayana, das sich wiederum in zahlreiche Schulen spaltete, entwickelte sich zu einer Volksreligion, die es nicht nur Mönchen, sondern jedem Gläubigen ermöglicht, Befreiung zu erlangen. Ideal des Mahayana ist der Bodhisattva, der Erleuchtung nur anstrebt, um allen anderen Wesen auf ihrem Weg beizustehen. Dieser altruistische »Erleuchtungsgeist« (Bodhicitta) ist Kern der Mahayanapraxis.

Der Mahayana-Buddhismus brachte eine komplexe Philosophie hervor, in der die »Leerheit« (Shunyata) aller Erscheinungen und die Vorstellung des Buddha und aller anderen Buddhas von Vergangenheit und Zukunft als überweltliche Wesen mit vielfältigen Körpern eine zentrale Stellung einnehmen.

Im 5. und 6. Jahrhundert wurden die großen Religionen Indiens, Buddhismus, Hinduismus und Jainismus, von tantrischen Vorstellungen durchdrungen, in denen sich u. a. Yoga, magische Praktiken und alte Naturkulte mischen und in denen der Person des Guru (Lehrer, Meister), der die tantrischen Geheimlehren und Praktiken beherrscht und ausgewählte Schüler darin einweiht und unterweist, eine tragende Rolle zukommt. Daraus entstand die esoterische, tantrische Form des Buddhismus (Vajrayana = Diamantweg), wie sie im tibetischen Kulturkreis verbreitet ist. Im Vajrayana spielen alle Elemente des Buddhismus eine Rolle, von den Mönchsregeln und Sutras des frühen Buddhismus über die Philosophie des Mahayana bis zu yogischen und magischen Praktiken und Einweihungen. Der tantrische Buddhismus hat, entwickelt aus dem Mahayana, eine üppige Bilderwelt mit Buddhas, Bodhisattvas, bedeutenden Persönlichkeiten, tantrischen »Gottheiten« und Schutzgottheiten samt zahllosen Unterformen, Ausstrahlungen und Manifestationen hervorgebracht, ebenso Mantras (Keimsilben), Mudras (rituelle Gesten), eine komplexe Ritualpraxis und andere Besonderheiten.

Der Buddhismus wurde im 7. Jahrhundert erstmals in Tibet eingeführt, doch erst ein Jahrhundert später konnte sich Vajrayana im Schneeland etablieren, nachdem der Lehrer, Magier und Tantriker Padmasambhava viele der lokalen Dämonen und Götter Tibets bezwungen hatte. Vor dem Buddhismus war in Tibet und manchen Himalayagegenden die Bön-Religion verbreitet, die in schamanistischen und animistischen Traditionen wurzelt, später aber von buddhistischem Gedankengut durchdrungen wurde. Nach dem Zerfall des tibetischen Königtums gewann die Bön-Religion wieder die Oberhand, ab dem 11. Jahrhundert aber konnte sich der Buddhismus endgültig in Tibet durchsetzen. In der Folge entstanden die verschiedenen Schulen, zuletzt der Orden der Gelugpa, der sich unter den Dalai Lamas die Vormachtstellung zu erkämpfen vermochte. Im Mittelpunkt aller Schulen steht die klösterliche Kultur, in der sich im alten Tibet Bildung, Kunst und weltliche Macht bündelten. Die alten animistischen Vorstellungen des Bön durchdringen vor allem in der Volksreligiosität den tibetischen Buddhismus stark, manche ihrer Aspekte, z. B. das Orakelwesen, spielen aber bis in höchste Mönchs- und Regierungskreise eine wichtige Rolle. Diese Zusammensetzung aus einer Vielzahl von Elementen sowie Eigenheiten wie etwa das Tulku-System oder der tantrische Stufenweg mit seinen Einweihungen und Ritualen machen Vajrayana zu einer eigenständigen Sonderform des Buddhismus, wie sie über Jahrhunderte nur in den Ländern des tibetischen Kulturkreises existierte. Nach der Flucht des Dalai Lama und vieler hochrangiger Lehrer des Vajrayana ins Exil fand der tibetische Buddhismus auch in vielen Industrienationen zahlreiche Anhänger.

chen Oasenkönigreiche an der östlichen Seidenstraße und weite Teile chinesischer Provinzen. Doch schon Mitte des 9. Jahrhunderts zerfiel das tibetische Großreich. König Langdarma hatte die Bön-Religion wieder etabliert und den Buddhismus verfolgt, bis der Pfeil eines buddhistischen Mönches ihn tötete. Tibet zersplitterte in Fürstentümer, die außertibetischen Gebiete gingen verloren, und die erste Verbreitung des Buddhismus fand ihr Ende.

Um die Jahrtausendwende nahm die zweite Verbreitung des Buddhismus von Osttibet und vor allem vom westtibetischen Königreich Guge aus ihren Anfang. Bedeutende Lehrer wurden aus Indien berufen, etwa der berühmte Atisha, Tempel und Klöster entstanden, und die verschiedenen Schulen des tibetischen Buddhismus begannen sich neben jener »Schule der Alten«, der Nyingmapa, die sich auf die erste Verbreitungswelle des Buddhismus zurückführte, herauszubilden.

Geistliche und weltliche Macht verbinden sich

Im 13. Jahrhundert stieg die Schule der Sakyapa zur Vorherrschaft über das Schneeland auf. Tschingis Khan, der in beispiellosen Vernichtungskriegen ein mongolisches Weltreich begründete, machte auch Tibet tributpflichtig. Die Nachfolger Tschingis Khans begannen sich für die Kulturen und Religionen der von ihnen eroberten Länder zu interessieren. Nachdem Göden, ein Enkel Tschingis Khans, bis fast nach Lhasa vorgedrungen war und eine Reihe von Klöstern zerstört hatte, um ausbleibenden Tribut einzutreiben, lud er 1247 Sakya Pandita Künga Gyaltsen, den Abt des Klosters Sakya, an seinen Hof. Göden erhielt geistige Belehrungen und ernannte Sakya Pandita zu einem Statthalter Tibets unter mongolischer Oberherrschaft. So begann das System des Chöyön, die enge Beziehung von geistigem Lehrer und weltlichem Schutzherrn, das Tibets Geschichte über viele Jahrhunderte prägen sollte. Kubilai Khan, der China eroberte und die Yüan-Dynastie begründete, die fast ein Jahrhundert das Reich der Mitte beherrschte, nahm tantrische Einweihungen von dem Sakya-Lama Phagpa Lodrö, dem Neffen und Nachfolger von Sakya Pandita, und verlieh ihm nicht nur den Titel des »edlen kaiserlichen Lehrers«, sondern auch die Macht eines Vizekönigs über ganz Tibet. Die Sakyapa nutzten die mongolische Protektion, um sich gegen die anderen Schulen durchzusetzen. Dabei griffen sie auch zu »unbuddhistischer« Gewalt. Die Großklöster gingen mit Mönchsarmeen gegeneinander vor.

Als der Stern der mongolischen Yüan-Dynastie sank und in China die Herrschaft der Ming-Dynastie begann, ging in Tibet die Macht auf eine Untersekte der Kagyü-Schule über und im Streit der Klöster und Fürsten zerfiel die von den Mongolen erzwungene Einheit Tibets erneut. Obwohl die Ming-Dynastie keinerlei politische Macht über Tibet ausübte, wurden bedeutende tibetische Lamas, meist aus der Kagyü-Schule, nach China berufen und mit hohen Ehrentiteln bedacht.

Die Schulen des tibetischen Buddhismus

1. Nyingma

2. Kadam

3. Sakya

Drei Unterschulen:
a) Sakya
b) Ngorpa
c) Tsharpa

4. Kagyü

Vier Hauptschulen:
a) Karma-Kagyü
b) Tshalpa-Kagyü
c) Barom-Kagyü
d) Phagtru-Kagyü

Acht Unterschulen:
a) Drikung-Kagyü
b) Taglung-Kagyü
c) Thropu-Kagyü
d) Drukpa-Kagyü
e) Martsang-Kagyü
f) Yerpa-Kagyü
g) Yazang-Kagyü
h) Shungseb-Kagyü

5. Gelug

6. Kleinere Schulen
a) Bodlug
b) Bodong
c) Jonang
d) Shije
e) Chöd

Der Orden der »Tugendhaften« entsteht

Im Jahre 1357 wurde in Amdo der »große Reformer« Tsongkhapa geboren, der das Fundament für die Herrschaft der Dalai Lamas legen sollte. Zuerst Mitglied der Kadam-Schule, begründete er später einen eigenen Orden, die Gelugpa, die »Tugendhaften«. Seine umfassenden Reformen sollten dem Verfall der Mönchsregeln und der Verwässerung der buddhistischen Lehre entgegenwirken. 1409 begründete er das Kloster Ganden. Noch zu seinen Lebzeiten wurden von seinen Hauptschülern die beiden anderen großen Gelug-Klöster Sera und Drepung in unmittelbarer Nähe von Lhasa gegründet. Diese »drei Sitze« nahmen über Jahrhunderte unter den Dalai Lamas eine herausragende Stellung im religiösen und politischen Leben Tibets ein und wurden nach der Flucht des 14. Dalai Lama im indischen Exil neu begründet.

Doch noch war die Macht der Gelugpa, der so genannten »Gelbmützen«, nicht fest etabliert. Zwar standen sie in der Provinz Ü, in welcher ihre großen Klöster angesiedelt waren, unter dem Schutz der Phagmo-Drupa-Dynastie, doch die Herren der Nachbarprovinz Tsang, die Rinbung-Prinzen, favorisierten die Karma-Kagyü-Schule. Die Karmapas, die Oberhäupter dieses Ordens, die im 13. Jahrhundert die erste Reinkarnationslinie Tibets begründet hatten, waren über Generationen die Lehrer chinesischer Kaiser gewesen. Unter dem Schutz der Rinbung-Prinzen und der ihnen nachfolgenden Tsang-Könige konnten die Karma-Kagyüpa die Gelugpa stark unter Druck setzen, zumal die Macht der Phagmo Drupa nachließ. Bei den langwierigen Auseinandersetzungen zwischen den von lokalen Herrschern und Familienclans protegierten Mönchsorden wurden immer wieder Mönche getötet, Klöster zerstört oder in Klöster des jeweils siegreichen Ordens umgewandelt.

Der Titel »Dalai Lama« entsteht

Die Gelugpa fanden neue Beschützer – die Mongolen. Der 1542 an die Macht gekommene Altan Khan rief Sönam Gyatso, den Großlama der Gelugpa – den vierten in Folge nach Tsongkhapa – an seinen Hof, um den in der Mongolei fast ausgestorbenen Buddhismus neu zu beleben. Die buddhistischen Lehren Sönam Gyatsos wurden dort per Dekret als verbindliches Gesetz eingeführt und teilweise gewaltsam durchgesetzt. Altan Khan verlieh als

Auseinandersetzungen zwischen Klöstern und Orden

Die Kriege der verschiedenen Schulen des tibetischen Buddhismus, die oft mit Mönchskriegern ausgetragen wurden, waren weniger »Glaubenskriege«, bei denen es um Dogmen oder unterschiedliche Auffassungen der buddhistischen Lehre ging, sondern vielmehr Kämpfe um Macht, Besitztum und Einfluss, um die mit weltlichen Herrschern und Familienclans verknüpften politischen Interessen. Die Unterschiede der verschiedenen Schulen hinsichtlich ihrer religiösen Inhalte beschränken sich im Wesentlichen auf die Bevorzugung bestimmter Meditationsgottheiten, auf Unterschiede in Ritualpraxis und Mönchsausbildung, verschiedene Schwerpunkte und Methoden für den Weg zur Erleuchtung und unterschiedliche Kommentare zu buddhistischen Grundlagenwerken. Daher wurde der spirituelle Status von Lamas der verschiedenen Orden nie gegenseitig in Frage gestellt. Auch in der Volksreligiosität wird kaum zwischen Tempeln und Klöstern der einzelnen Schulen unterschieden – sie genießen ebenso wie deren Lamas und Tulkus gleichermaßen Verehrung. Aus diesem Grund haben auch viele hohe Repräsentanten einer bestimmten Schule bei Lehrern anderer Orden studiert und Einweihungen genommen. Im 19. Jahrhundert entstand in Osttibet die Rime-Bewegung, die sich dafür einsetzt, sektiererische Abgrenzungen zwischen den Schulen gänzlich zu überwinden. Dies ist auch das Bestreben des Dalai Lama, der den vier großen Schulrichtungen des tibetischen Buddhismus und der Bön-Religion eine gleichberechtigte Stellung innerhalb des tibetischen Exilparlaments einräumt.

Schutzherr der Gelugpa seinem Lehrer Sönam Gyatso den Ehrentitel »Dalai Lama«.

Das Wort »Dalai« bedeutet im Mongolischen »Ozean« – ebenso wie das tibetische »Gyatso«, das alle Dalai Lamas seit dem zweiten in ihrem Mönchsnamen tragen. Wörtlich übersetzt bedeutet Dalai Lama also so viel wie »Ozeangleicher Lehrer«. Die tatsächliche Bedeutung von »Lama« im tibetischen Buddhismus geht aber weit über einen Lehrer im herkömmlichen Sinne hinaus. Außerdem steht in seiner geistigen Bedeutung »Ozean« für »Dharmadhatu«, die Totalität, den »Raum der Lehre«, in dem alle Phänomene entstehen, bestehen und vergehen. Daher ist es angebracht, »Dalai Lama« als »Lama von ozeangleichem Wissen und Mitgefühl« oder »Ozean der Weisheit« zu interpretieren.

Sönam Gyatso, darauf bedacht, diesen Titel fest in der Gelug-Tradition zu verwurzeln, ließ auch seine beiden Vorgänger posthum zu Dalai Lamas ernennen, was ihn selbst zum dritten Dalai Lama machte. Allerdings folgte diese Maßnahme nicht machtpolitischem Kalkül, sondern war spirituell motiviert. Die Gelugpa hatten nämlich, wie andere tibetische Orden auch, das Tulkuprinzip von den Karma-Kagyüpa übernommen und begonnen, die Stellung ihres Großlama in eine Inkarnationslinie einzubinden, die sich auf Gendün Drub, einen der bedeutendsten Schüler Tsongkhapas zurückführte. Die posthume Ernennung von Gendün Drub zum ersten Dalai Lama war daher nur eine logische Folge.

Der erste Dalai Lama – Gendün Drub
Der 1391 in einer Nomadenfamilie geborene Gendün Drub trat im Alter von sieben Jahren in das Kadam-Kloster Narthang ein und kam 1415 nach Ganden, um unter Tsongkhapa und dessen Schülern zu studieren. Später wanderte er durch Tibet von Kloster zu Kloster, um sich von angeblich 60 Meistern aus verschiedenen Schulen unterweisen zu lassen. Zurück in seiner Heimatprovinz Tsang begann er 1447 mit dem Bau des Klosters Tashi-

lunpo, dem späteren Stammsitz der Panchen Lamas. Neben den »drei Sitzen« – Ganden, Sera und Drepung – wurde Tashilunpo zu einer tragenden Säule des Gelug-Ordens. Gendün Drub verbrachte mehr als zwanzig Jahre seines Lebens in Meditationsklausuren und hinterließ eine Reihe von Schriften, Gebeten und Gedichten. Der von seinen Biografen als Ideal eines buddhistischen Gelehrten, Mönches und Heiligen dargestellte Großlama starb in Tashilunpo im 84. Lebensjahr. Er ist der einzige Dalai Lama, der dort begraben liegt.

Der zweite Dalai Lama – Gyalwa Gendün Gyatso

Weniger als ein Jahr nach Gendün Drubs Tod wurde in der Provinz Tsang ein Knabe geboren, der sich durch Aussagen und Hinweise als Wiederverkörperung von Gendün Drub zu erkennen gab. Auch Gyalwa Gendün Gyatso begab sich nach seiner Ausbildung und Mönchsweihe auf Wanderschaft in Tibet, um seine Studien zu vervollkommnen und begann nach einer Periode meditativer Zurückgezogenheit selbst zu lehren.

Die Dalai Lamas

I.	Dalai Lama (posthum): Gendün Drub, 1391–1475
II.	Dalai Lama (posthum): Gyalwa Gendün Gyatso, 1475–1542
III.	Dalai Lama: Gyalwa Sönam Gyatso, 1543–1588
IV.	Dalai Lama: Yönten Gyatso, 1589–1617
V.	Dalai Lama: Ngawang Lobsang Gyatso, 1617–1682
VI.	Dalai Lama: Rigdzin Jamyang Gyatso, 1683–1706
VII.	Dalai Lama: Kelsang Gyatso, 1708–1757
VIII.	Dalai Lama: Jampel Gyatso, 1758–1804
IX.	Dalai Lama: Lungtog Gyatso, 1806–1815
X.	Dalai Lama: Tsültrim Gyatso, 1816–1837
XI.	Dalai Lama: Khădrub Gyatso, 1838–1856
XII.	Dalai Lama: Trinley Gyatso, 1856–1875
XIII.	Dalai Lama: Thubten Gyatso, 1876–1933
XIV.	Dalai Lama: Tenzin Gyatso, *1935

Die zentraltibetischen Provinzen waren von Machtkämpfen der Fürsten und Mönchsorden zerrüttet. Den
Kagyüpa war es sogar gelungen, die Gelugpa von dem
von Tsongkhapa begründeten Mönlam-Gebetsfest in
Lhasa auszuschließen. Gendün Gyatso vermochte zu vermitteln und die Teilnahme der Gelugpa wieder durchzusetzen. Gendün Gyatso, Abt von Tashilunpo, wurde nun
auch Abt von Drepung und später auch von Sera, ein
Zeichen dafür, dass er innerhalb seines Ordens uneingeschränkte Anerkennung genoss. Er straffte die klösterlichen Strukturen, schuf das Verwalteramt und führte
weitere Reinkarnations-Linien ein – auch die Throne der
Gelug-Äbte sollten fortan nur von Tulkus besetzt werden, um Auseinandersetzungen um Nachfolge oder Besitztümer zu vermeiden. Gendün Gyatso starb im Alter
von 68 Jahren und wurde in Drepung beigesetzt.

Der dritte Dalai Lama – Gyalwa Sönam Gyatso
Sönam Gyatso, der von seinem mongolischen Protektor
Altan Khan als Erster den Titel »Dalai Lama« verliehen
bekam, wurde 1543 als Sohn eines Landadeligen in Zentraltibet geboren und als Wiedergeburt Gendün Gyatsos
anerkannt. Auch Sönam Gyatso wanderte durch Tibet
und ließ sich von Lamas verschiedener Orden unterweisen. Sein Ruf als Gelehrter und die Kunde von seiner
Friedensstiftung in einem bewaffneten Konflikt zwischen
Gelugpa und Kagyüpa verbreitete sich bis über die Grenzen von Tibet hinaus, so dass Altan Khan ihn 1578 an seinen Hof nach Amdo kommen ließ und die Verbindung
der Gelugpa mit mongolischen Kriegsherren etablierte.
Im gleichen Jahr erreichte Sönam Gyatso eine Einladung
an den Hof des chinesischen Kaisers, die der Lama jedoch
ausschlug. Stattdessen unternahm er Missionsreisen in
Amdo und Kham, wo er unter anderem die Großklöster
Lithang und Kumbum – letzteres am Geburtsort des
Tsongkhapa – begründete. Nach Zentraltibet zurückge-
kehrt, traf eine Botschaft der Mongolen ein: Altan Khan war
gestorben. Sönam Gyatso reiste erneut in die Mongolei, um

dem Nachfolger religiöse Unterweisungen zu geben und
den Bund mit den Schutzherren der Gelugpa zu erneu-
ern. Im April 1588 starb er auf dem Rückweg nach Tibet.

Der vierte Dalai Lama – Yönten Gyatso

Der vierte Dalai Lama wurde in der Mongolei geboren
und aufgefunden. Dies war in Tibet nicht unumstritten,
waren es doch die Mongolen selbst, die den 1589 geborenen Yönten Gyatso, Kind einer mongolischen Adelsfamilie und Urenkel von Altan Khan, als Wiedergeburt des
Dalai Lama ausriefen. Einer eilends aus Tibet entsandten
Delegation hochrangiger Gelug-Mönche blieb aber nichts
anderes übrig, als die Authentizität der Inkarnation anzuerkennen. Der einzige Nicht-Tibeter, der je den Löwenthron der Dalai Lamas bestieg, blieb bis zu seinem 13. Lebensjahr in seiner Heimat, bevor er nach Tibet ziehen
durfte, begleitet von mongolischen Kriegern. 1602 wurde
er in Lhasa inthronisiert. Der 4. Dalai Lama und seine
Eskorte erregten den Unmut der Tsang-Könige und des
mit ihnen verbundenen Karma-Kagyü-Ordens. Außerdem flossen den Gelugpa nun zunehmend reiche Spenden zu, die von den Mönchen nicht immer für religiöse
Zwecke, sondern vor allem zum persönlichen Nutzen
verwendet wurden. Die Verquickung mit weltlicher
Macht hatte die hohen Ideale der »Tugendreichen« nicht
unbedingt gefördert. Der 4. Dalai Lama sah großzügig
über diese Missstände hinweg. Wieder kam es zu Auseinandersetzungen zwischen Kagyüpa und Gelugpa. Diese
eskalierten, als dem Tsang-König eine Audienz beim
Dalai Lama verweigert wurde: Truppen aus Tsang griffen
Sera und Drepung an. Der Dalai Lama floh und starb im
Januar 1617 im Alter von 28 Jahren an einer schweren
Krankheit. Ein Jahr darauf setzte sich der Tsang-König
durch. Gelug-Klöster wurden erobert und in Klöster der
Kagyü umgewandelt. Zahlreiche Mönche kamen ums Leben. Erst als 1620 mongolische Truppen, die als Pilger
verkleidet nach Lhasa gekommen waren, in die Kämpfe
eingriffen, wurde ein unsicherer Frieden ausgehandelt.

Der fünfte Dalai Lama – Ngawang Lobsang Gyatso
Die innenpolitischen Verhältnisse in Tibet waren derart
zerrüttet, dass die Wiederverkörperung des Dalai Lama
zunächst geheim gehalten wurde. Der König von Tsang
hatte die Ernennung eines neuen Dalai Lama untersagt.
Erst 1622, nachdem der Tsang-König gestorben war und
sein Nachfolger das Verbot aufhob, konnte das 1617 geborene Kind in Drepung inthronisiert werden. Doch die
Tsang-Könige verbündeten sich nun ihrerseits mit einem
mongolischen Stamm, den in Osttibet ansässigen Chogtu,
und außerdem mit dem der Bön-Religion anhängenden
König von Beri in der Provinz Kham, um die Gelugpa
endgültig zu unterwerfen.

In Gushri Khan, dem Fürsten der mongolischen Khosho-
ten, einem ergebenen Anhänger der Gelugpa, fanden die

8 Statue des
fünften Dalai
Lama im
Potala, Lhasa.

»Gelbmützen« jedoch einen neuen Protektor. Gushri Khan schlug erst die Chogtu vernichtend, dann den König von Beri. Auch gegen andere rivalisierende mongolische Stämme vermochte er sich durchzusetzen. Auf Wunsch des Dalai Lama zog er schließlich mit seinen Truppen nach Zentraltibet, um 1642, unterstützt von Mönchskriegern der Gelugpa, die Streitmacht von Tsang niederzuwerfen. Eingenäht in einen Fellsack wurde der letzte Tsang-König im Tsangpo ertränkt. Die Gelugpa hatten ihre größten Widersacher endgültig besiegt.

Der fünfte Dalai Lama auf dem Gipfel seiner Macht

Im Alter von 25 Jahren erhielt der 5. Dalai Lama aus den Händen seines siegreichen mongolischen Schutzherrn die geistliche und weltliche Macht über ganz Tibet. Zwar blieben die Mongolen nominell die »Könige« Tibets, doch wurde Sönam Chöpel, der die Wiedergeburt des Dalai Lama aufgefunden und sicher durch die schwierigen Zeiten gebracht hatte, als »Desi« (Regent) mit der Verantwortung für die weltlichen Belange des Schneelandes betraut. Die Gelugpa begannen augenblicklich, die neu gewonnene Macht zu festigen, und setzten zu einer Verfolgung der rivalisierenden Schulen und der Bön-Religion an. Klöster anderer Orden, vor allem jene der Karma-Kagyüpa wurden zerstört oder enteignet und zu Gelug-Klöstern umfunktioniert. Es kam zu Bücherverbrennungen, Lehrverboten, Zwangsbekehrungen und Vertreibungen. Zahllose Mönche der verschiedenen Sekten flohen aus Tibet in benachbarte Himalayaländer wie Bhutan, Ladakh, Nepal und Sikkim, wo sich diese Orden bis heute fest etablieren konnten. Der 5. Dalai Lama setzte nach und sandte seine Krieger, verstärkt durch mongolische Truppen, mehrfach nach Bhutan, wo sie aber jedes Mal von Shabdrung Rinpoche, dem bhutanischen Reichsgründer, zurückgeschlagen wurden. Auch nach Westtibet wandten sich die Heere des Dalai Lama. Guge und Purang fielen unter die Herrschaft Lhasas, Ladakh konnte seine Unabhängigkeit vorerst wahren, blieb dem Dalai Lama jedoch tributpflichtig. Tibet war erstmals seit den Zeiten der Yarlung-Dynastie wieder vereint.

In diesem neuen tibetischen Großreich legte der »Große Fünfte« die Grundlage für die innenpolitischen und gesellschaftlichen Strukturen, die das Schneeland bis ins 20. Jahrhundert prägen sollten. Lhasa wurde zur Hauptstadt von ganz Tibet, der lokale Adel geschwächt. Eine Bodenreform wurde durchgeführt, von der vor allem die Gelug-Klöster profitierten. Die Verwaltung und das Steuersystem wurden reformiert, ebenso die Rechtsordnung, die allerdings grausame Strafen wie Verstümmelung oder Blendung vorsah. Zugleich rückte der Dalai Lama die enge Verknüpfung seiner Inkarnationslinie mit dem transzendenten Bodhisattva Avalokiteshvara stark in den Mittelpunkt der Aufmerksamkeit und verwurzelte dies im Volk. Die Verfolgung der anderen Orden wurde eingestellt. Der Dalai Lama bemühte sich nun um Ausgleich und nahm selbst Unterweisungen und Einweihungen bei hochrangigen Lamas anderer Schulrichtungen.

In China begann indes um 1644 der Aufstieg einer neuen Linie von Fremdherrschern, unter welcher das Reich der Mitte wieder zur Großmacht wurde – die Mandschu-Dynastie der Qing. Sie sollte China bis 1911 beherrschen. 1651 folgte der Dalai Lama einer Einladung des Mandschu-Kaisers und reiste nach Peking. Die Chinesen waren sich der Macht des 5. Dalai Lama und seiner mongolischen Beschützer sehr wohl bewusst. Nichts deutete zu dieser Zeit darauf hin, dass China Tibet als Teil seines Reiches betrachtete, auch wenn später, als die mongolische Dominanz sich abschwächte, die Qing-Kaiser zunehmend Einfluss auf Tibet gewannen. 1655 starb Gushri Khan. Seine politisch schwachen Nachfolger blieben zwar nominell »Könige von Tibet«, die tatsächliche Macht aber übte der Dalai Lama und sein Desi aus. Als 1657 der Desi starb, nahm der Dalai Lama auch die westliche Macht ganz in seine Hände.

Die Linie der Panchen Lamas

Der Hauptlehrer des 5. Dalai Lama, Lobsang Choekyi Gyaltsen (1567–1662), der Abt des Klosters Tashilunpo, war bereits Lehrer des 4. Dalai Lama gewesen. Sein mächtiger Schüler ernannte ihn nun zum Panchen Lama (eigentlich Panchen Rinpoche = kostbarer Lehrer) und schuf damit die zweitwichtigste Inkarnationslinie der Gelug-Schule. Ähnlich wie die Linie der Dalai Lamas wurde auch jene der Panchen Lamas auf die Vorgänger von Lobsang Choekyi ausgedehnt, bis zurück zu einem Schüler Tsongkhapas. Lobsang Choekyi war folglich der vierte Panchen Rinpoche.

Der mächtigste aller Dalai Lamas

Nicht nur als machtvoller Herrscher über das wiedervereinigte Tibet ging der 5. Dalai Lama in die Geschichte ein, sondern auch als Gelehrter und spiritueller Führer, der die klösterlichen Regeln und die Ausbildung der

---

Die Panchen Lamas

I.	Panchen Lama (posthum): Khedrup Gelek Pelsang, 1385–1438
II.	Panchen Lama (posthum): Sönam Chöklang, 1439–1504
III.	Panchen Lama (posthum): Wensa Lobsang Töndrup, 1505–1564
IV.	Panchen Lama: Lobsang Choekyi Gyaltsen, 1567–1662
V.	Panchen Lama: Lobsang Yeshe, 1663–1737
VI.	Panchen Lama: Palden Yeshe, 1738–1780
VII.	Panchen Lama: Tenpe Nyima, 1782–1854
VIII.	Panchen Lama: Tenpe Wangchuk, 1855–1882
IX.	Panchen Lama: Choekyi Nyima, 1883–1937
X.	Panchen Lama: Choekyi Gyaltsen, 1938–1989
XI.	Panchen Lama: Gedün Choekyi Nyima, *1989. Nach seiner Anerkennung durch den Dalai Lama von den Chinesen verschleppt und seither verschwunden.

Mönche neu fasste, bestimmte Rituale und Maskentänze einführte und unter dessen Feder mystische Werke entstanden, die auf seinen visionären und meditativen Erfahrungen gründeten. Außerdem verfasste er eine Chronik Tibets, eine Autobiografie und Biografien der vorangegangenen Dalai Lamas. Er galt als Experte für tibetische Medizin und Astrologie, als Künstler und sogar als Architekt, denn unter seiner Leitung wurde das bekannteste Bauwerk Tibets begonnen – der Potala in Lhasa. 1645 wurde der Grundstein gelegt.

1679 ernannte der Dalai Lama den jungen Sanggye Gyatso zum Desi und zog sich zunehmend in meditative Klausur zurück. Drei Jahre später starb der »Große Fünfte«, doch der Desi verheimlichte seinen Tod 15 Jahre lang, um die Stabilität des Landes und die Fertigstellung des

9 Der Potala während seiner Entstehung. Zeichnung des Jesuitenpaters Johannes Grueber, der 1661 zusammen mit einem Ordensbruder als erster Europäer Lhasa erreichte, abgedruckt 1667 in Athanasius Kirchners Werk »China Illustrata«.

Potala nicht zu gefährden. Offiziell wurde mitgeteilt, der Dalai Lama befinde sich in strenger Zurückgezogenheit. Wenn sein Erscheinen bei besonders wichtigen Anlässen unumgänglich war, saß ein Doppelgänger in Prunkgewändern auf dem Löwenthron.

Der 6. Dalai Lama – Rigdzin Jamyang Gyatso

Die 1683 geborene Reinkarnation des 5. Dalai Lama wurde unter strengster Geheimhaltung aufgefunden und ausgebildet. Erst 1697 wurde der Tod des »Großen Fünften« publik gemacht und der neue Dalai Lama konnte inthronisiert werden. Unter Oberaufsicht des Panchen Lama begannen für Jamyang Gyatso die höheren religiösen und politischen Studien. Doch der neue Dalai Lama erfüllte nicht die Erwartungen seiner Lehrer. Er zeigte wenig Interesse an Staatsgeschäften und religiösen Pflichten. Vielleicht angeregt vom Beispiel des Regenten, der irdischen Freuden sehr zugeneigt war, entwickelte sich der Dalai Lama nicht gerade zu einem tugendhaften Gelug-Mönch. Alle Versuche, ihn auf den »rechten Weg« zurückzubringen, scheiterten. Im Alter von zwanzig Jahren gab er seine Novizengelübde zurück – die volle Mönchsordination hatte er gar nicht erst angenommen – und widmete sich der Dichtkunst, der Musik, dem Reiten, der poetischen Naturbetrachtung, Spazierengehen, Bogenschießen – und den schönen Frauen. Der Dalai Lama ließ sich die Haare wachsen, kleidete sich in Seidengewänder, schmückte sich mit kostbaren Ringen, trank und sang in

In meinem Palast, dem Ort des Himmels auf Erden,
Nennt man mich Rigdzin Jamyang Gyatso,
Den reinkarnierten Chenresig.
Doch unten an meinem Palast,
In der kleinen Stadt Shöl,
Nennt man mich Chelpo Dangzang Wangpo, Wüstling,
Denn zahlreich sind meine Mätressen.

Gedicht des 6. Dalai Lama

den Schenken von Lhasa, vergnügte sich mit zahlreichen Gespielinnen und hinterließ feinfühlende und derbe Liebeslieder, die sich bis heute in Tibet größter Beliebtheit erfreuen. Zugleich aber hielt er an seiner Stellung als Dalai Lama fest. Die politische Macht allerdings beließ er in Händen des Regenten Sanggye Gyatso. Zwar regte sich Unzufriedenheit bei den Oberhäuptern der Gelug-Klöster und hohen Ministern – es wurde sogar die Absetzung des Dalai Lama erwogen und ein Attentat auf ihn scheiterte knapp – doch in der Bevölkerung nahm der Nimbus des Dalai Lama trotz seines ungewöhnlichen Lebenswandels keinen Schaden. Gerade wegen seiner »menschlichen Schwächen« war er bei den Tibetern beliebt wie kaum ein anderer Dalai Lama. Außerdem war es gar nicht möglich, dass ein Tulku seinen angeborenen Status verlor. Und schließlich sahen ihn manche als Rebellen gegen die verknöcherte Mönchsordnung oder gar als in den tantrischen Praktiken fortgeschrittenen Mystiker.

Die mongolischen Schutzherren dachten offenbar anders. Latsang Khan, der nach dem Giftmord an seinem Bruder zum »König von Tibet« aufgestiegen war, marschierte 1705 mit seinen Truppen – nach Absprache mit dem Kaiser von China – bis Lhasa, ließ den Regenten gefangen nehmen und später hinrichten und setzte den untugendhaften Dalai Lama ab. Ein Mönch aus dem Kloster Drepung wurde an seiner Stelle auf den Löwenthron gesetzt, vom Volk und den meisten Lamas aber nie anerkannt. Mongolische Krieger führten Jamyang Gyatso gegen den bewaffneten Widerstand von Mönchen und Bevölkerung aus Lhasa fort, um ihn auf Befehl des Mandschu-Kaisers nach China zu bringen. Im Jahr 1706 »verschwand« er unter ungeklärten Umständen in der Provinz Amdo. An einer Krankheit sei er gestorben, melden chinesische und tibetische Quellen, die Gerüchte, er sei ermordet worden, verstummten nie. Es gibt keine Grabstätte des 6. Dalai Lama und so webte sich die Legende, er habe noch lange im Inkognito gelebt und Reisen nach Indien, China und in die Mongolei unternommen. Sein letztes Gedicht aber, das er einer Geliebten sandte, bevor man ihn aus Lhasa verschleppte, schien wie eine Prophezeiung, dass er sich als Dalai Lama wiederverkörpern würde: Deine Flügel leih' mir / Weißer Kranich / Nicht weit fliege ich / Von Lithang kehre ich zurück.

Der 7. Dalai Lama – Kelsang Gyatso

Der von Latsang Khan eingesetzte Gegen-Dalai-Lama, der 1685 geborene Drepung-Mönch Yeshe Gyatso, fand nie die Anerkennung der Tibeter. Der Panchen Lama erkannte Yeshe Gyatso auf Druck von Latsang Khan zwar als legitimen Dalai Lama an, doch die meisten anderen hochrangigen Gelugpa hielten sich zurück und selbst der Mandschu-Kaiser wollte sich nicht festlegen, als er um die offizielle Anerkennung gebeten wurde. 1708 aber verkündete das Staatsorakel in Lhasa, der echte Dalai Lama habe sich in Lithang wiederverkörpert.

Das Kind wurde von einem Suchtrupp aufgefunden und 1710 vom Mandschu-Kaiser als rechtmäßiger Dalai Lama anerkannt. Seine Ausbildung erhielt Kelsang Gyatso im osttibetischen Kloster Kumbum unter dem Schutz chinesischer Soldaten, um ihn vor dem Zugriff von Latsang Khan zu bewahren, der weiterhin am »Gegen-Dalai-Lama« festhielt und als »König von Tibet« in Lhasa residierte. Die Tibeter aber wollten sich nicht auf den chinesischen Kaiser verlassen, sondern dem rechtmäßigen Dalai Lama mithilfe eines anderen mongolischen Stammes zur Macht verhelfen. 1717 griff ein Heer der Dzungaren Latsang Khan an, um den »Gegen-Dalai-Lama« zu stürzen. Latsang Khan und seine Koshot-Mongolen wurden mithilfe tibetischer Kämpfer besiegt, der Khan an den Stufen des Potala getötet. Doch die Dzungaren hatten ihr Versprechen nicht gehalten, den 7. Dalai Lama aus chinesischer Protektion zu befreien. Stattdessen begannen die »Befreier« selbst, in Lhasa zu morden und zu plündern und verschonten weder Tempel noch Klöster.

Dem Mandschu-Kaiser Kangxi kamen die Hilferufe aus Tibet gerade recht, um endlich selbst seine Hand nach

dem Schneeland auszustrecken. Ein erstes von ihm ent-
sandtes Truppenkontingent wurde von den Dzungaren
aufgerieben, doch 1720 vernichtete ein chinesisches Heer
die Mongolen und führte Kelsang Gyatso, den 7. Dalai
Lama zur offiziellen Inthronisation nach Lhasa. Der »Gegen-Dalai-Lama« Yeshe Gyatso wurde auf kaiserlichen
Befehl in ein Kloster nach China gebracht.

Zwar wurde dem 7. Dalai Lama vom Mandschu-Kaiser
formell wieder die Herrschaft über Tibet übertragen,
doch mussten der Dalai Lama und der Panchen Lama
Tribute an die neuen Schutzherren entrichten und außerdem die Stationierung einer chinesischen Garnison in Lhasa zulassen. Zudem schafften die Qing die Stellung des
Desi ab und ersetzten ihn durch den Kashag, einen Rat
von vier Ministern aus dem tibetischen Hochadel. Nur in
Zeiten der Abwesenheit oder Minderjährigkeit des Dalai
Lama sollte ein hochrangiger Lama als Regent fungieren.
1723 hatten sich die Verhältnisse in Tibet so weit beru-
higt, dass die chinesischen Truppen abgezogen wurden.
Doch bald brachen interne Machtkämpfe im Kashag aus.
Der oberste Minister wurde ermordet. Sein Unterstützer,
der chinafreundliche Pholhawa, entkam einem Mordan-
schlag, hob Soldaten aus und schlug die Unruhen nieder,
noch bevor ein eilends in Bewegung gesetztes chinesisches Heer Lhasa erreichte. Die aufständischen Minister
und ihre Familien sowie Beamte und Mönche ihres An-
hangs wurden hingerichtet. Wieder blieb eine starke chinesische Garnison in Lhasa stationiert, dazu Ambane, Be-

Die Dzungaren plünderten Tempel für Tempel und nahmen
alle Schätze mit. Sie verschonten keinen, der ihnen in den
Weg kam. Einige prügelten sie zu Tode. Andere hängten sie
mit auf dem Rücken zusammengebundenen Händen an die
Dachbalken und peitschten sie so lange, bis sie verrieten, wo
sie ihre Schätze versteckt hatten

Bericht des italienischen Jesuiten
Ippolito Desideri, der zur Zeit des
Dzungareneinfalls in Lhasa weilte

vollmächtigte des chinesischen Kaisers. Außerdem fielen nun ganz Amdo und die östlichen Teile von Kham unter chinesische Herrschaft.

Da sein Vater mit den Aufständischen sympathisiert hatte, wurde der 7. Dalai Lama ins Exil in eine Klosterfestung im Osten der Provinz Kham geschickt, wo er sich vor allem seiner spirituellen Praxis widmete. Dem Panchen Lama hingegen wurde das Angebot unterbreitet, die Kontrolle über Teile Zentraltibets zu übernehmen. Dieser erste Versuch der Chinesen, Dalai Lama und Panchen Lama gegeneinander auszuspielen, scheiterte. Der Panchen Lama lehnte das Angebot ab. Als dem Dalai Lama 1735 gestattet wurde, nach Lhasa zurückzukehren, übte er keine politische Macht mehr aus. Der Frieden in Tibet schien stabil. Pholhawa herrschte wie ein König. Doch als er 1747 starb und sein Sohn Macht und Titel erbte, ging die zwanzigjährige Friedenszeit zu Ende. Der neue Herrscher strebte nach Unabhängigkeit von China, hob heimlich ein Heer aus und knüpfte Kontakte mit den Dzungaren. Die Ambane wollten das Problem lösen, indem sie ihn heimtückisch ermordeten. Dies jedoch fachte einen Volksaufstand an. Die Ambane wurden umgebracht und mit ihnen viele chinesische Soldaten. Etwa 200 Chinesen retteten sich in den Potala und unterstellten sich dem Schutz des Dalai Lama, dem es gelang, die Ruhe wieder herzustellen.

Wieder traf ein chinesisches Heer in Lhasa ein. Die Rädelsführer des Aufstandes wurden grausam hingerichtet, das Königtum abgeschafft und der Dalai Lama erneut als geistliches und weltliches Oberhaupt Tibets eingesetzt. Auch das Amt des Desi wurde wiederhergestellt, unterstützt durch den Kashag, den Ministerrat, und den Tsongdu, die »große Versammlung«, die aus Vertretern der drei Großklöster, des Adels und Abgesandten aus den Provinzen bestand. Der Tsongdu hatte aber nur beratende Funktion. Der Dalai Lama überließ diesen Gremien die Regierungsgeschäfte, zog sich in kontemplative Versenkung zurück und starb 1757.

Der 8. Dalai Lama – Jampel Gyatso

Geboren 1758 in der Provinz Tsang, wurde das Kind vom Staatsorakel anerkannt und vom chinesischen Kaiser bestätigt. 1762 wurde der neue Dalai Lama inthronisiert. Wieder kümmerte sich der Panchen Lama, der seinerseits vom 7. Dalai Lama ausgebildet worden war, um die Erziehung des Knaben. 1781 trat der 8. Dalai Lama offiziell sein Amt an. Wie sein Vorgänger kümmerte er sich kaum um politische Belange. Doch die tibetische Regierung war schwach. Korruption, Nepotismus und Intrigen blühten in Lhasa, der Regent wechselte häufig. 1788 kam es zu einer Invasion nepalischer Truppen in Tibet wegen Unstimmigkeiten bezüglich Handelsbelangen. Tibet war nicht in der Lage, sich selbst zu verteidigen. Tashilunpo wurde geplündert, Tributzahlungen ausgehandelt. Als die Tribute ausblieben, fielen die Nepali erneut in Tibet ein. Nun entsandte China wieder ein Heer und schlug 1792 die Invasoren zurück.

Das erneute militärische Eingreifen Chinas stärkte den chinesischen Einfluss auf Tibet deutlich. Zwar unternahmen die Chinesen keinen Versuch, Tibet ganz ihrem Reich anzugliedern, doch griff China stärker in die inneren Angelegenheiten des Schneelandes ein. Die tibetische Regierung wurde reformiert, die Macht der Ambane gestärkt. Nicht nur in finanziellen und außenpolitischen Angelegenheiten beanspruchten die Chinesen fortan Mitspracherecht, auch in wichtigen religiösen Belangen. Es hatte sich eingebürgert, die Inkarnationen hoher Lamas immer öfter in adeligen Häusern zu suchen, um die Macht dieser Familienclans auszuweiten. Per Dekret verfügte 1793 der Mandschu-Kaiser eine neue Praxis bei der Anerkennung hoher Gelug-Inkarnationen – ein Losverfahren mittels der »Goldenen Urne«. Aus drei vorher gemäß den üblichen Zeichen und Orakelsprüchen ausgewählten Kandidaten sollte unter Aufsicht der Ambane das Los gezogen werden. Der 8. Dalai Lama starb 1804 im Alter von 46 Jahren, ohne politisch eine Rolle gespielt zu haben.

Der 9., 10., 11. und 12. Dalai Lama

Auch die nächsten vier Dalai Lamas erreichten kein hohes Alter und blieben politisch unbedeutend. Lungog Gyatso, der 9. Dalai Lama, wurde 1807 in Kham aufgefunden und ein Jahr später inthronisiert. Der chinesische Kaiser konnte überzeugt werden, dass eindeutige Zeichen und Beweise für die Authentizität der Wiedergeburt vorlagen, so dass auf das Losverfahren der »Goldenen Urne« verzichtet wurde. Doch der junge Dalai Lama verstarb schon im Alter von zehn Jahren, angeblich an einer Lungenentzündung.

Auch sein Nachfolger, Tsültrim Gyatso, ein Kind aus osttibetischem Kleinadel, wurde von Gelug-Lamas als Wiedergeburt des Dalai Lama anerkannt, bevor es zur Prozedur der »Goldenen Urne« kam. Diesmal jedoch beharrte China auf dem Losverfahren. Nach jahrelangem Tauziehen kam die »Goldene Urne« schließlich zum Einsatz und bestätigte Tsültrim Gyatso als 10. Dalai Lama. Kurz vor Erreichen der Volljährigkeit wurde der kränkelnde Jüngling jedoch von einer herabstürzenden Zimmerdecke im Potala erschlagen. Wahrscheinlich hatte der Regent seine Hände im Spiel, da er nicht willens war, zugunsten des Dalai Lama von der Macht zurückzutreten.

Der Regent behielt sein Amt und sah einer weiteren langen Minderjährigkeit des nächsten Kundun entgegen, in dessen Namen er regieren konnte. Der 11. Dalai Lama, Khädrup Gyatso, wurde wiederum zuerst nach dem traditionellen Prüfverfahren anerkannt, bevor die »Goldene Urne« ihn bestätigte. Der 7. Panchen Lama, der schon den 10. Dalai Lama unterrichtet hatte, übernahm die Ausbildung dieses Knaben. Und er führte für einige Jahre die Staatsgeschäfte, nachdem auf Betreiben von Regierungsmitgliedern und Äbten der Regent abgesetzt und in die Verbannung geschickt worden war. Als der Panchen Lama 1854 starb, wurde der Dalai Lama vorzeitig in sein Amt eingesetzt, doch schon wenig später, noch nicht 18 Jahre alt, kam er unter ungeklärten Umständen ums Leben.

Der 12. Dalai Lama, Trinley Gyatso, war der Einzige, der seine Ernennung ganz der »Goldenen Urne« verdankt. Sein Los wurde 1858 unter Aufsicht der Ambane gezogen, ganz wie die chinesischen Regeln es vorsahen. Er wurde nur 19 Jahre alt und es heißt, dass Gift seinem Leben ein Ende setzte.

Im 19. Jahrhundert war Tibet geprägt von internen Machtkämpfen, von Ämtermissbrauch, Korruption, Intrigen und Ausbeutung der Bevölkerung. Auch wurde die Abschottung des Schneelandes von allen europäischen Einflüssen verstärkt und nach Kräften von den Chinesen unterstützt, die jeder ausländischen, vor allem britischen Einmischung vorbeugen wollten. Auch wenn sich die Handelsbeziehungen mit den traditionellen Partnern China, Indien und Nepal ausweiteten, wurde Tibet zu einem »verbotenen«, hermetisch abgeriegelten Land. Vor allem die Klöster waren daran interessiert, jede Modernisierung und gesellschaftliche Veränderung in Tibet zu unterbinden, und schürten den Fremdenhass. Die Großklöster der Gelugpa verfügten über eigene Mönchssoldaten, die der offiziellen Armee ebenbürtig, wenn nicht gar überlegen waren, und übten großen Einfluss auf alle Entscheidungen der Regierung aus. Viele Staatsämter waren doppelt besetzt – von einem Laienbeamten und einem Mönchsbeamten. Die Klöster bekämpften sich auch gegenseitig, wenn es um die Wahrung ihrer Interessen ging. Selbst innerhalb der Großklöster, die in Colleges unterteilt waren, kam es zwischen diesen streng voneinander geschiedenen Unterabteilungen zu Machtkämpfen. All die Fraktionen in Regierung und Geistlichkeit, die Ambane, dazu noch der Panchen Lama, die hohen Lamas anderer Schulen und die lokalen Herrscher in den Provinzen waren am Machtgerangel beteiligt, gingen wechselnde Bündnisse ein und versuchten sich des Wohlwollens der Chinesen zu versichern. Die Ambane in Lhasa waren bestechlich, Ämter wurden gekauft oder wurden – vor allem in den unteren Klassen der streng gegliederten Hierarchie – samt ihrer Pfründe erblich.

Der Einfluss der chinesischen Schutzmacht ließ nach und hatte zuletzt fast nur mehr symbolischen Charakter. Die Tibeter mussten ohne chinesische Hilfe Kriege mit dem von muslimischen Maharajas annektierten Ladakh und mit Nepal ausfechten. Das Reich der Mitte hingegen wurde zermürbt vom Opiumkrieg, dem Taipeng-Aufstand und den muslimischen Rebellionen im Westen des Landes.

Der 13. Dalai Lama – Thubten Gyatso

Über 200 Jahre hatten die Dalai Lamas in Tibet kaum eine politische Rolle gespielt. Der 13. Dalai Lama jedoch sollte an die Epoche des »Großen Fünften« anknüpfen. Geboren wurde er im Juni 1876 in Südosttibet. 1878 wurde er vom Regenten Kundeling als Dalai Lama anerkannt und kurz darauf unter seinem Mönchsnamen Ngawang Lobsang Thubten Gyatso inthronisiert. Das Losverfahren der Goldenen Urne wurde von den Tibetern gar nicht mehr in Betracht gezogen – ein deutlicher Hinweis auf die Schwäche Chinas. Der chinesisch-japanische Krieg, die Einflussnahme der europäischen Kolonialmächte und die Strafaktionen nach dem Boxeraufstand beschleunigten den Zerfall des Mandschu-Kaiserreiches.

1895 übernahm Thubten Gyatso die volle Macht seines Amtes. Wie bereits bei seinen Vorgängern ging dies nicht ohne Konflikte ab. Demo Trinle Rabgye Rinpoche, der nach dem Tod von Kundeling zum Regenten ernannt worden war, trachtete dem neuen Dalai Lama mittels schwarzmagischer Praktiken nach dem Leben. Nach Aufdeckung des Komplotts wurde Demo Rinpoche verhaftet und kam kurz darauf mit seinen beiden Mitverschwörern zu Tode – vermutlich wurden alle drei ermordet.

Indes eskalierte das »Große Spiel« zwischen England und Russland um den Einfluss in Zentralasien. Die russischen Zaren hatten bis Ende des 19. Jahrhunderts Turkestan ihrem Reich einverleibt, die Engländer hingegen waren in dem Versuch gescheitert, Afghanistan an Britisch-Indien anzugliedern. Dass der 13. Dalai Lama über einen seiner Berater, den burjätischen Lama Dorjiev,

Kontakte zum russischen Zaren knüpfte, offizielle Briefe der Engländer hingegen ungeöffnet zurückgehen ließ, alarmierte die Briten. London erteilte die Genehmigung für eine »Expedition« nach Tibet, um ein Handelsabkommen mit dem »verbotenen Land« zu erzwingen. Oberst Younghusband führte die Truppen an, begleitet auch von Ugyen Wangchuk, dem späteren ersten König von Bhutan, der bei seinen buddhistischen Glaubensbrüdern als Vermittler auftreten sollte. Die Expedition geriet zu einem militärischen Unternehmen, bei dem über tausend Tibeter ihr Leben verloren. 1904 marschierten die Engländer in Lhasa ein.

10 Thubten Gyatso, der 13. Dalai Lama.

Der 13. Dalai Lama im Exil

Der 13. Dalai Lama war in der Nacht vor dem Einmarsch der Briten aus Lhasa geflüchtet. Der Großabt von Ganden, den der Dalai Lama als Regent für die Zeit seiner Abwesenheit eingesetzt hatte, musste ein Abkommen unterzeichnen, das es England erlaubte, Handelsniederlassungen in Gyantse (Zentraltibet), Gartok (Westtibet, nahe dem heiligen Berg Kailash) und Yatung (Südtibet, zwischen Bhutan und Sikkim) einzurichten. Außerdem erkannte Tibet die Oberherrschaft der Briten über das von tibetischer Kultur geprägte Sikkim an und verpflichtete sich zur Zahlung einer hohen Entschädigungssumme auf Raten. Nach Protestnoten Chinas und Russlands und dem Abschluss des englisch-russischen Vertrages von 1907, in dem die beiden Großmächte unter anderem vereinbarten, auf direkte Beziehungen mit Tibet zu verzichten und die Suzeränität Chinas auf dem Dach der Welt anzuerkennen, setzten die Briten die Entschädigungszahlung um zwei Drittel herab. Um seinen Anspruch auf Tibet zu unterstreichen, beglich China den geforderten Betrag. Die Handelsabkommen zwischen Tibet und Britisch-Indien blieben aber unberührt.

Der Dalai Lama floh nach Urga in die Mongolei, wo er in allen Ehren empfangen wurde. Die Chinesen erklärten ihn für abgesetzt und bestimmten den Panchen Lama zum Oberhaupt Tibets, was dieser aber einfach unbeachtet ließ. Auf seiner Rückreise nach Tibet wurde der Dalai Lama über ein Jahr in Amdo festgehalten, bis er 1908 nach Peking reiste, um zu retten, was noch zu retten war. Er wurde zwar rehabilitiert, doch eher wie ein Untergebener empfangen, der sein Knie vor dem Kaiser beugen musste und den höchst zwiespältigen Titel »Unser treuer und gehorsamer Vizeregent« erhielt. 1909 konnte der Dalai Lama nach Tibet zurückkehren.

Suzeränität
Die Oberhoheit eines Staates über einen anderen, nur halb souveränen Staat.

China versuchte nun, Tibet mit Gewalt ganz unter seine
Kontrolle zu zwingen. Länger schon wüteten Kämpfe in
Osttibet, wo chinesische Generäle begonnen hatten, Gebiete zu annektieren, und dabei Klöster zerstörten und
Greueltaten und Massaker an Mönchen und Bevölkerung
verübten. In Zentraltibet hatten die Ambane die Macht
übernommen und tibetische Minister abgesetzt. Der zu-
rückgekehrte Dalai Lama knüpfte Hilfe suchend Verbin-
dungen mit Nepal, Indien und der Mongolei. Doch der
Vormarsch chinesischer Truppen war nicht aufzuhalten.
Während des tibetischen Neujahrsfestes im Februar 1910
besetzten die Chinesen Lhasa. Der Dalai Lama floh erneut aus dem Potala, diesmal nach Sikkim, verfolgt von
chinesischer Kavallerie. In Sikkim kam das Oberhaupt
der Tibeter mit modernen politischen Ideen in Berührung
und erkannte die Vorteile einer effizienten Verwaltung
und einer gut ausgerüsteten und ausgebildeten Armee.
Sir Charles Bell, der in Sikkim stationierte politische Offizier der britisch-indischen Regierung, wurde sein enger
Freund. Bell besuchte den Dalai Lama später mehrfach in
Lhasa, um ihn zu beraten. Vorerst aber erklärten die Chinesen den Dalai Lama wieder für abgesetzt. Diesmal ent-
zogen sie ihm sogar seinen Tulku-Status und planten,
mittels der Goldenen Urne einen neuen Dalai Lama zu
bestimmen. Das über Jahrhunderte gültige System des
Chöyön, der Beziehung zwischen weltlichem Schutzherrn und geistlichem Lehrer, war endgültig gescheitert.

Doch auch das von Aufständen und Kriegen zerrüttete
chinesische Kaiserreich war am Ende. Über 3000 Jahre
hatten wechselnde Dynastien über das Reich der Mitte
geherrscht, zuletzt seit fast 300 Jahren die Mandschu-Kaiser der Qing-Dynastie, die von den Han-Chinesen immer
noch als Fremdherren empfunden wurden. Nach einer
nationalistischen Rebellion dankte im Januar 1912 der
letzte Kaiser im Alter von fünf Jahren ab. China wurde
Republik und versank in Unruhen.

De-facto-Unabhängigkeit

Die chinesischen Soldaten in Tibet meuterten und desertierten. Es kam zu Erhebungen der Tibeter und schließlich wurden die Truppen zusammen mit den Ambanen und allen chinesischen Beamten aus Tibet vertrieben. Sofort kehrte der Dalai Lama aus seinem Exil nach Tibet zurück. 1913 traf er in Lhasa ein und erklärte die Unabhängigkeit Tibets. China jedoch hielt am Anspruch auf die Vorherrschaft über das Schneeland fest. In einem Telegramm wurde der Dalai Lama rehabilitiert und wieder mit seinen von den Mandschu-Kaisern verliehenen Titeln bedacht, doch Seine Heiligkeit antwortete schroff, er habe nicht um seinen früheren Rang gebeten, sondern übernehme nun selbst die geistige und weltliche Herrschaft in Tibet.

1913/14 setzten sich auf Betreiben Englands Bevollmächtigte der Briten, Chinesen und Tibeter in Simla an den Verhandlungstisch, um die »Tibetfrage« zu klären. Anfangs schienen ihre Standpunkte unvereinbar. Die Tibeter beharrten auf völliger Unabhängigkeit und forderten die Rückgabe aller östlichen Gebiete des »ethnisch-kulturellen Tibet«, die seit dem 18. Jahrhundert unter chinesischer Kontrolle standen. Die Chinesen hingegen betrachteten ganz Tibet als integralen Teil Chinas. Schließlich einigte man sich auf eine stark eingeschränkte chinesische Suzeränität sowie auf eine Teilung von Gesamttibet in ein autonomes »Äußeres Tibet« (Zentral- und Westtibet) unter Verwaltung des Dalai Lama und ein »Inneres Tibet« (die umstrittenen osttibetischen Gebiete) mit stärkerer chinesischer Kontrolle. Eine Reihe von möglichen Grenzverläufen zwischen diesen beiden Teilen wurde

Es ist entschieden, dass Tibet ein unabhängiger Staat ist und dass der kostbare Beschützer, der Dalai Lama, in allen weltlichen und spirituellen Belangen der Herrscher Tibets ist.
Shatra, tibetischer Generalbevollmächtigter,
bei der Simla-Konferenz 1914

diskutiert, doch hier kam es zu keiner Einigung. China weigerte sich, das Abkommen zu unterzeichnen. Die Briten begannen nun ein von Eigeninteressen motiviertes doppeltes Spiel. Einerseits weigerten sie sich nach wie vor, die Souveränität Tibets anzuerkennen oder in offizielle direkte Verhandlungen mit der tibetischen Regierung einzutreten, andererseits bestanden sie auf ihren Handelsrechten und nötigten Tibet, Teile des heutigen Arunachal Pradesh an Britisch-Indien abzutreten.

Der Status Tibets blieb nach der Simla-Konferenz im Ungefähren. Gefahr drohte dem Schneeland jedoch nicht nur von China. Interne Konflikte schwächten die Einheit Tibets. Während der langen Exilaufenthalte des Dalai Lama hatten manche Adelige, hohe Beamte sowie Lamas der Großklöster mit den Chinesen paktiert. Selbst der Panchen Lama hatte den Anhängern des Dalai Lama die Hilfe verweigert, als es 1912 darum ging, die Chinesen aus Tibet zu vertreiben.

Die Modernisierung Tibets

Nach seinen Erfahrungen im indischen Exil wusste der Dalai Lama, dass die wichtigste Maßnahme zur Wahrung der Unabhängigkeit und zur Sicherung der umkämpften Ostgebiete die Schaffung einer modernen Armee war. »Wir sind eine kleine, religiöse und unabhängige Nation. Um mit dem Rest der Welt Schritt zu halten, müssen wir unser Land verteidigen«, hatte er 1913 nach seiner Rückkehr aus dem Exil geäußert. Unter Führung von Dasang Dradul Tsarong, dem Berater und Freund des Dalai Lama, machte sich eine Gruppe junger, dem Fortschritt nach britischem Muster aufgeschlossener Adeliger daran, in Tibet Reformen durchzusetzen. Waffen wurden von den Briten gekauft, die Engländer halfen bei der Ausbildung von Soldaten, junge Tibeter studierten in Indien und vier wurden sogar zum Studium nach England geschickt. Die neue tibetische Armee konnte sogleich einen Sieg vermelden – in Kham wurden die angreifenden Chinesen nicht nur abgewehrt, sondern auch über den

Yangtse zurückgedrängt. Die tibetisch-chinesische Grenze war wieder um etwa 500 km nach Osten verschoben. 1918 kam es zum Waffenstillstand.

Neben dem Aufbau einer modernen Armee und einer Polizei in Lhasa wurden auch andere Reformprojekte in Angriff genommen. Anfangs stand der Dalai Lama voll hinter den Reformkräften um seinen Berater Tsarong. Eine Telegrafenleitung von Lhasa nach Gyantse entstand und wurde mit dem Netz der englischen Handelsmission verbunden. Ein kleines hydroelektrisches Kraftwerk wurde gebaut, welches das Arsenal und eine Münzpräge mit Strom versorgte, Postverbindungen wurden eingerichtet, tibetisches Geld und Briefmarken gedruckt, und 1924 entstand in Gyantse eine Schule nach englischem Vorbild, in der auch »weltliche« Fächer wie Mathematik und Geografie auf dem Lehrplan standen. Im Schneeland, wo das Bildungsmonopol bei den Klöstern lag, glich dies einer Revolution.

Entsprechend reagierten die konservativen Kreise von Adel und Klerus, die über Jahrhunderte alles daran gesetzt hatten, Tibet von jeglichen Einflüssen aus der westlichen Welt abzuschotten. Wie Symbole drohenden Verfalls der kulturellen und religiösen Grundwerte Tibets wirkten die jungen tibetischen Offiziere um Tsarong, die sich nach westlicher Art kleideten, ihr Haar kurz trugen, sich mit Handschlag begrüßten, Tennis und Polo spielten und die Zukunft Tibets eher durch moderne Verwaltung und militärische Stärke gesichert sahen denn durch Gebete der Zehntausende Mönche in den Großklöstern. Zunächst waren den Reformgegnern weitgehend die Hände gebunden, denn der Dalai Lama selbst stand hinter den modernen Ideen. Tsarong stieg zu einem der mächtigsten Männer Tibets auf. Er war einer der vier Shapes im Kashag, dem höchsten Regierungsgremium, zugleich Oberbefehlshaber der tibetischen Armee und Leiter der tibetischen Münzpräge und des Arsenals. Und er war einer der engsten Vertrauten und Freunde des Dalai Lama.

Widerstand gegen die Reformen

Doch wusste sich die Opposition gegen die Neuerungen zu wehren. Nach einem Hagelsturm während eines Fußballspiels der »englischen Schule«, der als böses Omen interpretiert wurde, war schon 1926 der Ansatz einer Modernisierung des Bildungswesens gescheitert – die Schule in Gyantse wurde geschlossen. Auch Versuche, Verwaltung und Rechtswesen zu reformieren, kamen kaum über erste Versuche hinaus. Zwar gab es gewisse Erleichterungen bei den Frondiensten der leibeigenen Bauern und es wurden auch die schlimmsten Strafen der seit dem 5. Dalai Lama praktizierten Rechtsprechung zumindest auf dem Papier abgeschafft, doch wussten die Klöster alle tiefer gehenden Veränderungen zu verhindern. Auch die ehrgeizigen Pläne Tsarongs, 15 000 neue tibetische Soldaten auszuheben, scheiterten.

Der schärfste Widerstand aber richtete sich gegen die Reformen des Steuersystems, die zu Lasten der Großklöster und der adeligen Feudalherren gehen sollten. Der Staat benötigte Geld vor allem für den Aufbau des Militärs. 1921 kam es zur offenen Auseinandersetzung und einer Konfrontation der Armee mit aufgebrachten Mönchen des Drepung-Klosters, die den Dalai Lama in seinem Sommerpalast bedrohten. Zwar ergaben sich die Mönche, ohne dass ein Schuss gefallen war, und ihre Anführer wurden bestraft, doch zeigte dieser Zwischenfall, dass der Dalai Lama alles andere als der uneingeschränkte Herrscher in seinem Land war.

Auch mit dem Panchen Lama, der schon früher durch seine pro-chinesische Einstellung für Unstimmigkeiten mit dem Dalai Lama gesorgt hatte, kam es nun zum offenen Zerwürfnis. Der Panchen Lama lehnte ab, höhere Beiträge für Armee- und Kriegskosten zu übernehmen, obwohl er zu den reichsten Großgrundbesitzern Tibets zählte. Er floh im Dezember 1923 in die Mongolei und nach China und blieb bis zu seinem Tod in den chinesisch kontrollierten Gebieten Osttibets. Der Dalai Lama weigerte sich, seine Rückkehr nach Tashilunpo zuzulassen, der Panchen Lama hingegen lehnte sich eng an China an und sammelte eine Streitmacht um sich, um aus einer Position der Stärke heraus über seine Heimkehr verhandeln zu können.

Im Jahr darauf sank der Stern Tsarongs. Was Intrigen nicht gelungen war, verursachte Tsarong selbst durch unbedachtes Vorgehen nach einem Zusammenstoß zwischen tibetischer Polizei und Militär in Lhasa. Tsarong ließ die beiden Hauptschuldigen verstümmeln, obwohl der Dalai Lama diese im alten Tibet übliche Form der Bestrafung abgeschafft hatte. Die Gegner Tsarongs stellten nun die Armee und ihre Führer als unkontrollierbare Macht und als Bedrohung für den Dalai Lama dar. Tsarong wurde schließlich als Oberkommandierender der Armee abgesetzt und verlor 1930 auch seine Position als Minister im Kashag. Die anderen pro-britischen Offiziere wurden im Lauf der Zeit aus fadenscheinigen Gründen degradiert, die tibetische Armee verkam zusehends.

Die zaghaften Reformen in Tibet waren gescheitert, noch bevor sie richtig zu greifen begonnen hatten. Der Dalai Lama verlor das Interesse an weiteren Modernisierungsplänen und auch seine gute Beziehung zu den Engländern kühlte ab, weigerten diese sich doch nach wie vor, die Unabhängigkeit Tibets anzuerkennen oder die Chinesen zu zwingen, zumindest den in Simla ausgehandelten Vertrag zu ratifizieren. In Osttibet gab es weiterhin kriegerische Unruhen und Verschiebungen von Grenzverläufen. Dort agierten lokale Kriegsherren und Gouverneure nach eigenem Ermessen. Sie waren nur mehr formal mit der krisengeschüttelten, immer mehr die Macht im eigenen Land verlierenden chinesischen Regierung verbunden.

Der als jähzornig und eigensinnig geltende Dalai Lama aber zog sich zurück und misstraute zunehmend seinen Ministern und Beratern. Sein Herrschaftsstil wurde autoritär. Entscheidungen fielen ohne Absprache mit der Regierung. Sein neuer Vertrauter und Günstling war Kunpela, ein Mönch aus einer Bauernfamilie, der unbeleckt war von den Ränkespielen der Adeligen und Mönchsbeamten. Kunpela brachte es bis zum Minister und auf der Höhe seiner Macht galt sein Wort gleich dem des Dalai Lama. Auch Kunpela war von moderner Technik fasziniert. Er führte mit großer Effizienz die Münzpräge und das Arsenal, hob ein bestens ausgerüstetes Eliteregiment aus (das nach dem Tod des Dalai Lama von den politischen Gegnern Kunpelas zur Meuterei getrieben und aufgelöst wurde), ließ drei in ihre Einzelteile zerlegte Autos auf Yakrücken von Indien nach Tibet bringen und auch einen Filmprojektor mit einigen Filmrollen, die noch den 14. Dalai Lama in seinen jungen Jahren begeistern sollten. Doch Kunpelas Macht hing ausschließlich an der Gunst seines Herrn.

Als Thubten Gyatso, der 13. Dalai Lama, am 17. Dezember 1933 starb, brachen augenblicklich heftige Machtkämpfe zwischen den verschiedenen Fraktionen in Adel, Regierung und Klöstern aus. Der Dalai Lama hatte ein düsteres »Testament« hinterlassen, in dem er unter dem Eindruck der Klosterzerstörungen und der Ermordung von Mönchen und Lamas in der Mongolei durch kommunistische Revolutionäre vor allem vor der »roten Ideologie« warnte.

Nach dem Tod des 13. Dalai Lama
Tsegyal Lungshar, der als erster Tibeter England und den europäischen Kontinent bereist hatte und nach Tsarongs Fall zum wichtigsten Vertrauten des Dalai Lama und

Seine Heiligkeit der Dalai Lama hat sich nach kurzer Krankheit am Siebzehnten um 18.30 Uhr vorübergehend von dieser Welt verabschiedet STOP Bitte entschuldigen Sie die Verzögerung des Telegramms aufgrund der Unermesslichkeit der Erschütterung STOP Die Regierung fährt fort wie zuvor und hofft auf die Zusicherung der Fortsetzung Ihrer Freundschaft unter diesen traurigen Umständen.

Telegramm von Kunpela an die britisch-indische
Regierung vom 23. Dezember 1933

zum Oberkommandierenden der Armee geworden, dann aber wieder aus der Gunst gefallen war, versuchte sich seinen Anteil an der Macht zu sichern. Es gelang ihm, Kunpela, der sich Hoffnungen auf das Amt des Regenten machte, in den Verdacht zu bringen, den Dalai Lama vergiftet zu haben. Obwohl sich die Mordanklage als unhaltbar erwies, wurde Kunpela ins lebenslängliche Exil geschickt. Doch auch Lungshar stolperte über Intrigen. Sein Plan, mit gleichgesinnten Beamten und Mönchen aus der Nationalversammlung die tibetische Regierung zu reformieren, wurde verraten und von seinen Gegnern als versuchter »bolschewistischer« Staatsstreich dargestellt. Er wurde verhaftet, sein Vermögen konfisziert und er selbst zu einer grausamen Strafe verurteilt – beide Augen wurden ihm ausgestochen.

Bei der Wahl des Regenten setzten sich schließlich die Vertreter der Klöster durch, die darauf drängten, dass der Tradition gemäß ein inkarnierter Lama dieses hohe Amt in Abwesenheit und Minderjährigkeit des Dalai Lama bekleiden sollte. Da man sich nicht auf einen gemeinsamen Kandidaten einigen konnte, wurde das Los gezogen. Es

In der Zukunft wird dieses System (»die rote Ideologie«) sicherlich entweder von innen oder von außen diesem Land aufgezwungen werden, welches ein System hochhält, das Spirituelles und Weltliches verbindet. Wenn wir in solch einem Fall versäumen, unser Land zu verteidigen, werden die heiligen Lamas, einschließlich des siegreichen Vaters und Sohnes (Dalai Lama und Panchen Lama), ausgetilgt werden, ohne dass eine Spur ihrer Namen bleibt; der Besitz der inkarnierten Lamas und der Klöster wird ihnen samt den Ausstattungen für die religiösen Riten entrissen werden. Überdies wird unser politisches System, das von den drei alten Königen herrührt, zu einem leeren Wort verkommen. Meine Beamten, ihres Erbes und ihres Besitzes beraubt, werden vom Feind wie Sklaven unterjocht werden, und mein Volk, der Angst und dem Elend unterworfen, wird die Tage und Nächte nicht mehr ertragen. Solch eine Zeit wird mit Sicherheit kommen!

Aus dem Testament des 13. Dalai Lama

fiel auf den 24-jährigen, unerfahrenen Reting Rinpoche. Im Februar 1934 wurde er in sein Amt eingesetzt.

Auch die Chinesen versuchten Nutzen aus dem Tod des Dalai Lama zu ziehen. Eine »Trauerdelegation« samt bewaffneter Eskorte traf 1934 in Tibet ein, brachte reiche Geschenke für Mönche und Regierungsmitglieder und installierte eine Funkstation in Lhasa, um Kontakt mit der Heimat zu halten. Nach zähen, aber fruchtlosen Verhandlungen über die chinesisch-tibetischen Beziehungen zog die Delegation wieder ab, die Funkstation mit geringer chinesischer Besatzung jedoch blieb mit Duldung der tibetischen Regierung bestehen. Erstmals seit über zwanzig Jahren gab es wieder eine ständige chinesische Präsenz in Lhasa. Das wiederum wollten die Briten nicht hinnehmen – auch ihre Delegation unter Sir Basil Gould erhielt 1936 die Genehmigung, eine Funkstation – mit stärkerem Sender – in Lhasa einzurichten.

Der 13. Dalai Lama war in einer für Tibet äußerst schwierigen und unsicheren Zeit gestorben. Die »Tibet-Frage« war nicht gelöst, China beharrte auf seinem Anspruch auf Tibet und innere Konflikte im Schneeland spalteten Regierung und Klöster. Und nun standen etwa zwei Jahrzehnte bevor, in denen ein neuer Dalai Lama aufgefunden, inthronisiert und bis zu seiner Volljährigkeit erzogen werden musste und das Land ohne starken Herrscher, abhängig von Regenten und Ministern war. Und doch richtete sich alle Hoffnung der Tibeter auf die nächste, die 14. Inkarnation des Dalai Lama.

Kindheit und Jugend in Lhasa

Nach seinem prachtvollen Einzug in Lhasa empfing der junge Dalai Lama im Jokhang Tempel, dem Nationalheiligtum Tibets, seine Mönchsweihe. Reting Rinpoche, der amtierende Regent, nahm die symbolische Haarschneidezeremonie vor und gab dem Kundun, wie das Kind nun auch von seinen engsten Familienmitgliedern ehrfürchtig angesprochen wurde, seinen Mönchsnamen: Jamphel Yeshe Ngawang Lobsang Yeshe Tenzin Gyatso.

Noch war Tenzin Gyatso zu jung, um die monastische Ausbildung zu beginnen. Zusammen mit seinem Bruder und Reisegefährten Lobsang Samten wurde er im Norbulinka untergebracht, dem Sommerpalast der Dalai Lamas. Noch war er nicht offiziell als Dalai Lama im Potala inthronisiert, außerdem war der Termin verstrichen, zu

11 Der Sommerpalast des 14. Dalai Lama im Norbulinka.

dem die Dalai Lamas vom Sommerpalast in ihren Wintersitz umsiedelten. Also blieb der Knabe mit seinem Bruder den Winter über im Norbulinka. Wörtlich übersetzt bedeutet Norbulinka »Juwelengarten« und tatsächlich sind es die Gärten, Teiche und Quellen des etwa vierzig Hektar großen Parks am westlichen Stadtrand von Lhasa, die seinen besonderen Reiz ausmachen. Schon der 7. Dalai Lama hatte 1754 hier einen Palast erbauen lassen, sein Nachfolger hatte diesen erweitert und ergänzt, der 13. Dalai Lama weitere Gebäude hinzugefügt. Ein kleiner Zoo wurde eingerichtet und die Gärten mit Obst- und Zierbäumen bepflanzt. Auch der 14. Dalai Lama liebte den Norbulinka und baute später seinen eigenen Palast – von 1954 bis 1956 entstand der Takten Migyür Podrang, der »neue Sommerpalast«. Es war der Ort, an dem die Flucht des Kundun ins Exil beginnen sollte.

Zunächst aber bewohnte der kleine Dalai Lama den Kelsang Podrang, den »alten Sommerpalast«. Hier verbrachte er die unbeschwerteste Zeit seiner Kindheit in Lhasa, denn er und sein Bruder teilten sich gemeinsame Zimmer, durften regelmäßig die Eltern besuchen, die nur ein kurzes Stück entfernt in einem Gutshaus lebten, konnten frei im Norbulinka umherstreifen und unterlagen noch nicht dem strengen Zeitplan, der die Ausbildung eines wiedergeborenen Lama regelt. Die einzige Verpflichtung des Kundun waren gelegentliche offizielle Audienzen, bei denen er Besuchern seinen Segen erteilte. Augenzeugen waren erstaunt, mit welch außergewöhnlicher Würde und Konzentration der Fünfjährige diese langwierigen Zeremonien bewältigte. Im Norbulinka lieferte Tenzin Gyatso auch einen weiteren Beweis, dass er die authentische Reinkarnation des 13. Dalai Lama war. Er beharrte darauf, dass in einem bestimmten Gebäude »seine Zähne« zu finden seien. Als man ihn dorthin brachte, deutete er auf ein Kästchen, in dem tatsächlich ein künstliches Gebiss des 13. Dalai Lama aufbewahrt lag.

Der Aufstieg der Familie

Die Eltern von Tenzin Gyatso mussten indes mit einem kometenhaften sozialen Aufstieg zurechtkommen. Die beiden einfachen Bauern aus der osttibetischen Provinz, die nicht einmal den Dialekt von Lhasa beherrschten, wurden in den höchsten tibetischen Adelsrang der Yapshis erhoben und galten fortan als »königliche Familie«. Dies war so üblich bei Eltern eines Dalai Lama. Der Vater durfte sich Kung nennen, was so viel bedeutet wie Herzog oder Fürst. Außerdem wurde das königliche Paar nun als »Große heilige Mutter« und »Großer heiliger Vater« verehrt. Die Familie nahm den Namen Taklha an und galt fortan als Yaphsi-Taklha-Clan. Die höchsten aristokratischen Kreise waren nun ihr täglicher Umgang und näherten sich den Yapshis mit größter Verehrung. Die Tatsache, dass diese Bauernfamilie den Dalai Lama hervorgebracht hatte, erhob sie über alle anderen Adeligen,

12 Die Eltern des Dalai Lama mit seinen zwei jüngsten Brüdern.

deren Stammbäume über Hunderte von Jahren zurück-
reichten.

Die Mutter des Dalai Lama verkraftete ihre neue Rolle
erstaunlich gut. Sie blieb natürlich und bescheiden und
versuchte ihre bäuerliche Herkunft keineswegs künstlich
zu überspielen. Dem Vater hingegen, dem Yapshi-Kung,
stieg die abrupte Wandlung vom Bauern zum Hochadeli-
gen zu Kopf. Die tibetische Regierung war verpflichtet,
die neue königliche Familie mit ihrem Stand entsprechenden Besitztümern auszustatten und bot neben hohen
finanziellen Zuwendungen und üppigen Geschenken von
Schmuck und Repräsentationsgewändern zwei Landgü-
ter samt den dazugehörigen Leibeigenen zur Auswahl
an. Völlig unbescheiden nahm der Kung beide Güter und
forderte darüber hinaus noch drei weitere sowie ein
Grundstück in Lhasa plus Baumaterial für ein prächtiges
Haus. Außerdem fiel er durch arrogantes Benehmen auf,
weigerte sich, für seine neuen Güter Steuern und Abgaben zu entrichten, mischte sich in Regierungsangelegen-
heiten und Rechtsprozesse, ließ Personen, die seinen Weg
kreuzten und nicht von ihren Reittieren abstiegen, um
ihn ehrerbietig zu grüßen, von seinen Dienern verprü-
geln und nutzte seine Stellung rigoros aus, um bei Ge-
schäften andere zu übervorteilen, Bauern und Händler
auszupressen und Bestechungs- und Schutzgelder einzutreiben. Da sich der Yapshi-Kung eng mit dem Regenten
Reting Rinpoche anfreundete, blieb der Regierung nichts
anderes übrig, als gute Miene zum bösen Spiel zu machen und die sich häufenden Beschwerden über die hem-
mungslose Habgier und das Verhalten des Vaters des
Dalai Lama vorerst unbeachtet zu lassen. Erst als Reting
Rinpoche von seinem Amt als Regent zurücktrat und
später viele seiner Freunde und Getreuen in Ungnade fielen, konnte die Regierung die Exzesse des Kung eindäm-
men. Als der Kung im Januar 1947 starb, wollten die
Gerüchte nicht verstummen, dieser nicht nur bei der Regierung unbeliebte Mann sei vergiftet worden.

Die Inthronisierung

Während des ersten Winters in Lhasa, den der Dalai Lama mit seinem Bruder im Norbulinka und bei Besuchen im Haus der Familie verbrachte, wo die Mutter ihn mit Leckerbissen verwöhnte und er ein wenig »Normalität« und familiäre Geborgenheit genießen konnte, wurde seine offizielle Inthronisierung vorbereitet. Die Hofastrologen legten den 22. Februar 1940 als günstigen Termin fest. Wieder entfaltete das alte Tibet seine ganze Pracht, um diesen Anlass würdig zu begehen. Knapp 62 Jahre waren vergangen, seit der 13. Dalai Lama den Löwenthron bestiegen hatte. In feierlicher Prozession, geleitet von Äbten und Mönchen, inkarnierten Lamas, Soldaten, hohen Beamten, Würdenträgern und der vollzähligen Regierung einschließlich des Regenten, zog der Kundun in seiner goldenen Sänfte am Volk vorbei vom Norbulinka zum Potala. Im Audienzsaal mit dem Löwenthron der Dalai Lamas, vor dem seit dem Tod des »Großen Dreizehnten« nach wie vor Speisen und Verehrungsgaben niedergelegt wurden, als befinde sich das Oberhaupt Tibets nur vorübergehend auf Reisen, zogen die Lamas, Adeligen und Staatsbeamten über fünf Stunden lang an dem heiligen Knaben vorbei, warfen sich in Verehrung zu Boden, ließen sich segnen und überbrachten ihre Geschenke und Glückwünsche.

Doch auch die Inthronisierung geriet zum Politikum. Einen Monat zuvor war Wu Chung-tsin in Lhasa eingetroffen, der Vorsitzende der »Mongolischen und tibetischen Kommission« in China. Er war ungehalten, als man ihn mit der Tatsache konfrontierte, dass die Bestimmung und Ausrufung des neuen Dalai Lama bereits ohne jegliche chinesische Beteiligung durchgeführt worden war und es ihm nicht mehr möglich war, eine »Prüfungssitzung« oder gar die Prozedur der Goldenen Urne abzuhalten, um die maßgebliche Beteiligung Chinas an der Wahl des neuen Herrschers von Tibet zu demonstrieren. Auch die Briten entsandten eine Glückwunschdelegation unter Basil Gould, dem politischen Offizier von Sikkim.

Um Reibereien zwischen Briten und Chinesen zu vermeiden, wurden die Chinesen zusammen mit den nepalesischen, ladhakischen und bhutanischen Gesandten zur
Zeremonie am 22. Februar eingeladen, die Briten einen
Tag später. Im Gegensatz zu den üblichen formalen Fest-
gaben wie beispielsweise Seidenballen, die die Delegationen dem Dalai Lama überbrachten und die für ein Kind
kaum von Interesse waren, wussten die Engländer mit
ihren Geschenken die Sympathie Tenzin Gyatsos zu ge-
winnen. Sie brachten ihm ein Tretauto, ein Dreirad, eine
Spieldose, eine goldene Uhr, aus der eine Nachtigall he-
raussprang, und zwei Wellensittichpärchen – Gaben, die
den Dalai Lama und seinen Bruder hellauf begeisterten.

Die chinesische Delegation nutzte ihre Anwesenheit in
Lhasa zu Verhandlungen über den politischen Status
Tibets und die mögliche Rückkehr der Anhänger des 1937
verstorbenen 9. Panchen Lama. Tibet beharrte auf seiner
De-facto-Unabhängigkeit und forderte auch die seit dem
18. Jahrhundert unter chinesischer Oberherrschaft stehenden Gebiete in Osttibet zurück. Ohne zu einer Annäherung der Standpunkte, geschweige denn zu einer Einigung gelangt zu sein, verließ die chinesische Delegation
Lhasa im April 1940. Die chinesische und auch die britische Funkstation in Lhasa aber blieben bestehen – ohne
jedoch von den Tibetern irgendeinen legalen Status zuge-
sprochen zu bekommen.

Der Alltag des Dalai Lama

Im Alter von sechs Jahren begann die Erziehung und religiöse Ausbildung des Dalai Lama. Sie folgte dem jahr-
hundertealten monastischen System, das für die inkarnierten Lamas besonders anspruchsvoll war, wurden von
ihnen aufgrund ihres hohen Verwirklichungsgrades in
früheren Leben doch stets außergewöhnliche Leistungen
erwartet. Die besten Lehrer wurden mit der Schulung des
Kundun betraut. Der Regent Reting Rinpoche übernahm
das Amt des Ersten Tutors, Taktra Rinpoche, ebenfalls
ein inkarnierter Lama, ein strenger, konservativer Mann,

wurde Zweiter Tutor. Außer den offiziellen Tutoren und später noch anderen hochrangigen Mönchslehrern für bestimmte Spezialfächer, waren dem Dalai Lama drei Mönche als persönliche Diener zugeteilt – Küchenmeister, Gewandmeister und religiöser Zeremonienmeister.

Der Tagesablauf der beiden Brüder war nun einem strikten Schema unterworfen. Kurz vor Sonnenaufgang wurden sie geweckt und verbrachten den Beginn des Tages bei Gebet und Meditation. Während der morgendlichen Zeremonie nahmen sie ihr Frühstück ein, das aus den tibetischen Grundnahrungsmitteln Tsampa (geröstetes Gerstenmehl) und Buttertee bestand. Gegen neun Uhr fand die öffentliche Audienz statt, bei welcher der Dalai Lama gegebenenfalls den Vorsitz zu übernehmen hatte. Ihr folgten zwei Stunden konzentrierten Unterrichts. Mit-

13 Der siebenjährige Dalai Lama auf dem Thron.

tags gab es eine Freistunde, nach dem Essen ging der Unterricht weiter. Um sieben Uhr abends genoss man in kleinem Kreis das Abendmahl und etwas Freizeit, um neun Uhr war Bettruhe.

Der auf viele Jahre angelegte Stufenweg der traditionellen tibetischen Ausbildung begann mit dem Erlernen und Üben der vier verschiedenen tibetischen Schriftarten, dem Lesen, Rezitieren und kalligrafischen Schreiben und vor allem dem Auswendiglernen zahlloser Quellentexte und Kommentare der buddhistischen Literatur. In der Schulung der jungen Mönche und Tulkus geht es erst einmal darum, dass diese die Texte memorieren, noch ohne sie wirklich zu verstehen. Das Ausdeuten und Umsetzen dieser oft sehr komplexen philosophischen Abhandlungen folgt erst in späteren Stufen der Ausbildung. Sanskrit, Dialektik, Logik, Philosophie und Metaphysik standen später ebenso auf dem Lehrplan wie das Erlernen der Ritualpraxis und des Kanons der mönchischen Regeln. »Weltliche« Fächer blieben ausgeklammert. Im Alter von acht Jahren erhielt Tenzin Gyatso seine erste tantrische Einweihung, mit zwölf Jahren begann der Unterricht in dialektischer Disputation.

Dass es den Tutoren ernst war mit diesem strengen Lehrplan, verdeutlichten auf eindrückliche Weise die zwei Peitschen, die im Schulzimmer an der Wand hingen – eine aus gelber Seide für den Dalai Lama, die zweite aus Leder für seinen Bruder Lobsang. Diente jene für den Kundun nur zur Abschreckung, da es nicht schicklich war, die Hand an eine solch hochrangige Wiedergeburt zu legen, so bekam Lobsang Samten die seine hin und wieder zu spüren, wenn der Fleiß nachzulassen drohte oder wenn es vor den Augen seines Bruders ein Exempel zu statuieren galt.

Die Winter – von Anfang Dezember bis Ende April – verbrachten die Brüder im obersten Geschoss des Potala, in diesem riesigen, düsteren Palast, in dem es so kalt war, dass »das Wasser in den großen Schalen, die auf die Stufen der Grabmäler gestellt werden, sogar am Mittag bis zum Schalengrund gefroren war«, wie Sir Charles Bell, der britische Freund des 13. Dalai Lama zu berichten wusste. Die Brüder schliefen in getrennten, großen Zimmern, der kleine Dalai Lama im Schlafzimmer seines Vorgängers, wo es nachts vor Mäusen und Ungeziefer wimmelte. Als besonderer Luxus war dem Kundun das einzige Badezimmer im Potala vorbehalten, ausgestattet mit einem pelzbezogenen Toilettensitz.

Für die beiden Knaben war der Potala aber auch ein nahezu unerschöpflicher Abenteuerspielplatz. Ungehindert durften sie sich in ihrer knapp bemessenen Freizeit im gesamten Palast bewegen, konnten die verwinkelten Räume, Gänge und Treppen erkunden und nach Herzenslust in Kapellen, Waffenkammern, Lagern und Magazinen herumstöbern. Zudem stand ihnen das Spielzeug zur Verfügung, das von ausländischen Besuchern als Geschenk mitgebracht wurde – Baukästen, eine Spielzeugeisenbahn, ein Modellschiff, eine Armee von Zinnsoldaten und einiges mehr. Schon in früher Jugend entdeckte der Dalai Lama seine Leidenschaft für mechanische Dinge, nahm Uhren und andere Erzeugnisse westlicher Technik auseinander, um hinter ihr Geheimnis zu kommen, ein Hobby, das das Oberhaupt der Tibeter bis heute beibe-

14 Der Potala
in Lhasa.

halten hat und das sein großes Interesse für Technik und Wissenschaft erklärt.

Zugleich aber waren Potala und Norbulinka goldene Käfige, in denen der Dalai Lama fast vollständig von der Außenwelt abgeschottet war. Außer seinem Bruder durften nur die Lehrer und Diener um ihn sein. Seiner Mutter war es zwar erlaubt, ihn zu besuchen, aber auch sie musste sich zum Abschied formell vor dem Kundun verbeugen und mit gesenktem Haupt seinen Segen entgegennehmen. Menschen von außerhalb seiner Paläste sah der Dalai Lama nur bei Audienzen, bei seinen jährlichen Umzügen vom Norbulinka zum Potala und umgekehrt oder beim Mönlam-Fest unmittelbar nach dem tibetischen Neujahr, bei dem er für einige Tage im Jokhang-Tempel wohnte, um an den Gebeten teilzunehmen. Dem tibetischen Volk war er vollkommen entrückt – die Menschen warfen sich in tiefer Verehrung vor der Verkörperung des Avalokiteshvara zu Boden, sobald sie einen Blick auf den Dalai Lama erhaschen konnten, und wer so glücklich war, eine Audienz beim Kundun zu erhalten, ging tief gebeugt am Löwenthron vorbei, um vom Dalai Lama flüchtig mit einer Seidenquaste berührt zu werden. In seiner Autobiografie berichtet der Dalai Lama, dass er sich eng an seine Diener anschloss, die durch Geschichtenerzählen, Späße, Spiele und kleine Streiche für etwas Normalität und Lockerheit in seinem täglichen Leben sorgten.

Der Rücktritt des Regenten

Im Jahr 1941 kam es zu einer Veränderung in dem sehr eng gesteckten Umfeld des Dalai Lama. Reting Rinpoche, Regent und Erster Tutor, trat von seiner Stellung zurück, der bisherige Zweite Tutor, Taktra Rinpoche, übernahm beide Ämter. Zum neuen Zweiten Tutor wurde Ling Rinpoche berufen. Als offizielle Begründung für den Rücktritt des Regenten wurde angegeben, Träume und Orakelsprüche hätten ihn vor einer drohenden Gefahr für sein Leben gewarnt. Reting Rinpoche zog sich in sein Stamm-

Der Potala

Der Potala auf dem Marpori, dem »Roten Hügel« in Lhasa, gilt als Weltwunder und zugleich Gipfelpunkt tibetischer Architektur. Erbaut unter dem 5. Dalai Lama über den Resten eines Palastes von König Songtsen Gampo aus dem 7. Jh. ist der Potala monumentales Symbol für die Verbindung von weltlicher und geistlicher Macht in Tibet, die sich in den Dalai Lamas verkörpert. 110 Meter ragt der Potala über Lhasa hinaus, seine bis zu fünf Meter dicken Mauern erstrecken sich über eine Breite von 360 Metern und die knapp tausend Räume sind, mit steilen und verwinkelten Treppen und Gängen verbunden, auf 13 Stockwerke verteilt. »Es heißt, der Potala sei eines der größten Bauwerke der Welt. Selbst wenn man schon jahrelang in ihm lebte, war man noch immer nicht in alle seine Geheimnisse eingedrungen«, schreibt der Dalai Lama in seiner Autobiografie. Der Potala diente nicht nur als Residenz der Dalai Lamas, sondern gleichzeitig als Sitz der tibetischen Regierung, als Verwaltungszentrum, als Schule für Mönchsbeamte, als Ort aller Staatszeremonien, als Kloster, als Lager und Schatzkammer, als Gefängnis für besonders wichtige Häftlinge und in unruhigen Zeiten auch als Festung. Prunkvoll ausgestaltete Tempel, Kapellen, Schreine, Versammlungs- und Audienzhallen bergen eine unüberschaubare Fülle von Kunstschätzen wie Statuen, Wandmalereien, Thangkas, Bücher, Kultgegenstände sowie die kostbaren Stupas, in denen die sterblichen Überreste von acht Dalai Lamas beigesetzt sind. In den Speichern und Magazinen lagerten Vorräte sowie Waffen, Kuriositäten, Geschenke und Schätze aus Jahrhunderten. Die Privatgemächer des Dalai Lama befinden sich im obersten Stockwerk, von dessen Terrasse der Blick frei über Lhasa und die umliegenden Berge schweifen kann. Heute ist der Potala, der weitgehend von den Zerstörungen während der Kulturrevolution verschont blieb, ein Museum. Im Dezember 1994 wurde er in die Liste des UNESCO-Weltkulturerbes aufgenommen. Für die Tibeter jedoch ist er nach wie vor ein wichtiges Pilgerziel, hoffen sie doch noch immer darauf, dass eines Tages der Dalai Lama wieder in seinen Gemächern wohnen wird.

kloster etwa hundert Kilometer nordöstlich von Lhasa
zurück. Der Wechsel des Regenten aber hatte andere
Gründe. Im Lauf seiner Regentschaft hatte Reting Rinpoche allmählich die absolute Macht über Tibet an sich gezogen. Politische und persönliche Gegner und Rivalen
wurden systematisch ausgeschaltet, treue Gefolgsleute an
wichtigen Stellen der Regierung platziert. Außerdem miss-
brauchte der Regent seine Macht dazu, seinen Labrang
(die »Firma« oder das »Management«, welches die weltlichen Besitztümer und Belange eines wiedergeborenen
Lama verwaltet und auch während seiner Abwesenheit
zwischen zwei Inkarnationen für Kontinuität sorgt) über
alle Maßen zu bereichern. Der Reting-Labrang stieg
während seiner Regentschaft zum drittgrößten Handels-
unternehmen Tibets auf, nicht zuletzt wegen der rigoros
ausbeuterischen und oft betrügerischen Geschäftsprakti-
ken. Auch am Verkauf von Ämtern und Titeln soll der
Reting-Labrang bestens verdient haben. Ungeachtet der
Beteuerungen der Regierung, voll und ganz hinter dem
Regenten zu stehen, dessen großes Verdienst es war,
durch seine Visionen die Suche nach der Wiedergeburt
des Dalai Lama erfolgreich eingeleitet zu haben, schuf
sich Reting zunehmend Feinde. Anti-Reting-Lieder wurden auf den Straßen Lhasas gesungen oder als Plakate an
Hauswänden angeschlagen. Es war allgemein bekannt,
dass Reting gegen seine Keuschheitsgelübde verstieß und
sich mehrere Geliebte hielt, darunter die Ehefrau seines
Halbbruders und eines seiner Günstlinge, der als Beloh-
nung seiner Toleranz in seiner politischen Karriere beför-
dert wurde. Nun jedoch sollte der Dalai Lama Anfang
1942 feierlich seine ersten 36 Mönchsgelübde ablegen, die
ihn zum Getsul, zum Novizen machten und es war un-
umstößliche Tradition, dass der Erste Tutor diese Gelübde abnahm. Im zutiefst religiösen Tibet galt dies als eine
der wichtigsten Pflichten des Regenten. Eines dieser 36
Gelübde war das der Keuschheit. Es war undenkbar, dass
ein Lama, der selbst dieses Gelübde und damit die
Vinaya, die von Buddha selbst erlassenen Mönchsregeln,

gebrochen hatte, eine solche Zeremonie ausführt, noch dazu im Falle des Kundun. Da es für Reting nicht möglich war, als Erster Tutor zurückzutreten und gleichzeitig die Regentschaft zu behalten, suchte er sein Gesicht zu wahren, indem er ein Jahr vor der Zeremonie beide Ämter aufgab. Er kürte auf Anraten von Vertrauten den Zweiten Tutor, Taktra Rinpoche, zu seinem Nachfolger, einen alten, gelehrten Lama, der für seinen asketischen, disziplinierten Lebenswandel bekannt war – und für sein Desinteresse an weltlicher Macht und Reichtum. Zudem war er Retings »Wurzelguru«, sein wichtigster Lehrer.

Der neue Regent Taktra nahm dem Kundun die Novizengelübde ab. Der junge Dalai Lama wurde nach Art der Mönche kahl geschoren und in die Robe gekleidet, die er nur noch einmal ablegen sollte – als er in Verkleidung aus Lhasa floh.

Die Regentschaft von Taktra Rinpoche
Unter Taktra Rinpoche als Erstem Tutor setzte der Dalai Lama seine Studien fort. Er blieb hinter den Mauern seiner Paläste verschont von den politischen Ränkespielen in Lhasa, ebenso wie Tibet in seiner selbst gewählten Isolation verschont blieb von den Ereignissen des Zweiten Weltkriegs, der sich wie ein Flächenbrand über den ganzen Globus ausbreitete. Auch China war abgelenkt von der »Tibet-Frage« durch den Krieg gegen Japan, der das Reich der Mitte nun zu Verbündeten der Alliierten machte, nachdem Japan im Dezember 1941 in Pearl Harbor den Krieg gegen die USA begonnen hatte. Außerdem hatte der Bürgerkrieg zwischen den Kuomintang und den Kommunisten China seit vielen Jahren geschwächt und an den Rand des Zerfalls gebracht. Diese Schwäche Chinas war ein wichtiger Grund dafür, dass Tibet seine De-facto-Unabhängigkeit aufrecht erhalten konnte. Nicht einmal der Bau einer Verbindungsstraße durch tibetisches Territorium, auf der militärische Güter zur Unterstützung der Chinesen in ihrem Krieg gegen Japan transportiert werden sollten, konnte gegen den Willen Tibets

durchgesetzt werden, obwohl Briten und Amerikaner diesen Plan unterstützten. Die Einrichtung eines Büros für außenpolitische Angelegenheiten in Lhasa, einer Art Außenministerium, unterstrich Tibets Anspruch auf Unabhängigkeit. China hatte in Tibet keinerlei Einfluss mehr. Nun sandten auch die USA eine Mission nach Tibet. Zwei Offiziere überbrachten im Dezember 1942 dem Dalai Lama Geschenke und einen Brief von US-Präsident Roosevelt, bevor sie mit Genehmigung der tibetischen Regierung nach China weiterreisen durften. Mahnende Stimmen, Chinas Schwäche werde nicht von Dauer sein und nur eine Öffnung und Modernisierung des Schneelandes und die Stärkung seiner Armee könne die Unabhängigkeit auf Dauer sichern, blieben unbeachtet. Die Klöster und Mönchsbeamten blockierten nach wie vor jeden Versuch, Tibet zu modernisieren, weil sie fürchteten, die Religion könne durch Kontakte mit der Außenwelt Schaden nehmen und das zutiefst buddhistische Tibet verweltlichen. Selbst

15 Der junge Dalai Lama in Lhasa.

der zweite Versuch, eine englische Schule in Tibet einzurichten, scheiterte 1945 nach nur fünf Monaten am heftigen Widerstand der Großklöster, die sogar damit drohten, Kriegermönche zu entsenden, um die Schule gewaltsam zu schließen.

Der junge Dalai Lama in der Abgeschiedenheit seines Studierzimmers schien anders zu denken. Er war fasziniert von einer Zeitschrift in tibetischer Sprache, die in Indien erschien und auch in den Potala geliefert wurde. Sie wurde seine hauptsächliche Informationsquelle über die Vorgänge in der Welt, von der er hermetisch abgeriegelt war. Auch die technischen Hinterlassenschaften seines Vorgängers nahmen sein Interesse gefangen. Er ließ zwei der drei Autos, die der 13. Dalai Lama hatte aus Indien kommen lassen, wieder fahrtüchtig machen und verursachte gleich beim ersten heimlichen Fahrversuch einen Blechschaden. Auf einem handbetriebenen Filmprojektor, den er 1944 im Potala fand, ließ er sich Filme über die Krönung von George V. und über den Burenkrieg in Südafrika vorführen. Besonders gut gefiel ihm angeblich ein Tanzfilm mit Trickaufnahmen, in denen junge Frauen aus Eiern schlüpften. Ebenfalls eine Hinterlassenschaft des Großen Dreizehnten war ein Fernrohr, das der Kundun auf dem Dach des Potala aufstellen ließ und das nun sein Auge zur äußeren Welt wurde. In seiner Freizeit beobachtete er vom Dach seines Palastes das Treiben in den Straßen von Lhasa oder den Rundgang der Gefangenen im Hof eines nahe gelegenen Gefängnisses. Selbst sein Bruder Lobsang Samten, der über Jahre sein Leben und seine Studien geteilt hatte, stand dem Kundun nun nicht mehr zur Verfügung. Ihr Verhältnis war nicht problemlos gewesen. Als der Kundun dem Bruder einmal im Streit mit dem Stock eine Wunde zufügte, die eine bleibende Narbe hinterließ, wurden die Brüder 1946 getrennt. Lobsang durfte wieder im Elternhaus wohnen und besuchte fortan eine Schule für Mönchsbeamte. Er sollte später die Position eines Mittelsmannes zwischen dem Dalai Lama und der Regierung einnehmen. Auch die

16   Reting Rinpoche kurz vor
seinem Rücktritt als Regent.

Besuche der Mutter des Kundun wurden eingeschränkt,
denn Tenzin Gyatso sollte sich ganz auf seine immer
komplexer werdenden Studien konzentrieren. 1947, im
Alter von 13 Jahren, legte er in Drepung und Sera seine
ersten Prüfungen ab und wurde formell in diese Klöster
aufgenommen. Nun begann auch die Einführung in die
tieferen Aspekte buddhistischer Philosophie und Metaphysik.

Die Reting-Revolte
Im gleichen Jahr geriet Tibet an den Rand eines Bürgerkrieges, als Reting Rinpoche das Amt des Regenten durch
einen Putsch zurückerobern wollte. Schon in den Jahren
zuvor hatte es zu gären begonnen. 1944 war Reting erstmals wieder nach Lhasa gekommen, um das Amt des Regenten von Taktra zurückzufordern. Reting behauptete,
er habe mit Taktra nur eine vorübergehende Übergabe
der Amtsgeschäfte vereinbart. Doch Taktra zeigte seinem
ehemaligen Schüler die kalte Schulter. Eine Auseinandersetzung der Regierung mit dem Sera Che College, das
Reting nahe stand, vertiefte diese Kluft. Nur um Haares-

breite konnte ein Kampf mit den bestens bewaffneten Mönchen vermieden werden. Der Abt von Sera Che und andere Lamas wurden ihrer Ämter enthoben, der Abt floh nach China, ein Gefolgsmann von Taktra nahm seine Position ein.

Doch auch die hohe Ethik Taktras, der sich anfangs deutlich von den Machenschaften Retings distanziert hatte, wurde allmählich von der Macht korrumpiert. Anhänger von Reting Rinpoche wurden nun gezielt aus der Regierung entfernt und Bestechungsgelder flossen bei der Neubesetzung wichtiger Ämter. Reting und seine Gefolgsleute beschlossen, die Macht mit Gewalt zurückzuerobern. Mittels einer Paketbombe sollte Taktra ermordet werden. Als der Anschlag misslang, wandte sich Reting mit der Bitte um militärische Hilfe an China. Schon Jahre vorher hatte er heimlich Kontakte mit China geknüpft, um Stimmung gegen den Regenten Taktra zu machen. Nachdem entsprechende Briefe im Reting-Labrang in Lhasa gefunden wurden, ließ die Regierung Reting verhaften, in die Hauptstadt bringen und einem strengen Verhör unterziehen. Als die Mönche von Sera Che von der Verhaftung Retings hörten, ermordeten sie ihren von Taktra eingesetzten Abt und wollten Reting zu Hilfe eilen. Doch tibetisches Militär stand bereit, beschoss Sera mit Haubitzen und schlug den bewaffneten Aufstand der Mönche gewaltsam nieder – etwa 200 bis 300 Mönche kamen um, die Rädelsführer wurden zu lebenslanger Haft verurteilt, eine Reihe anderer Mönche kam mit schwerer Auspeitschung davon, wurde in Ketten gelegt und bei Adelsfamilien unter Hausarrest gestellt. Vielen Mönchen aber gelang die Flucht nach China. Während die Nationalversammlung noch über das Strafmaß für den geständigen Reting und seine Mitverschwörer beriet – einer hatte zuvor schon Selbstmord begangen – starb Reting am 8. Mai 1949 völlig unerwartet im Gefängnis. Aller Wahrscheinlichkeit nach wurde er durch eine vergiftete Medizin umgebracht. Für Retings Komplizen wurde die bereits von der Nationalversammlung beschlossene Strafe des Augenausstechens vom Regenten persönlich auf 250 Peitschenhiebe und lebenslängliche Haft abgeändert. Ihr gesamtes Vermögen wurde eingezogen. Aus dem Mönchsnamen des Dalai Lama, den er vom damaligen Regenten und Ersten Tutor erhalten hatte, wurden die Namen, die auf Reting hinweisen, gestrichen. Erst Jahre später nahm sie der Kundun auf Anraten eines Orakels wieder in seinen Namen auf.

In Retings Stammkloster aber ermordeten die Mönche die Soldaten, die nach der Verhaftung des Rinpoche als Besatzung zurückgelassen worden waren. Wieder schlug die Regierung hart zurück. Die prachtvolle Residenz von Reting Rinpoche wurde geplündert und völlig zerstört – die aufständischen Mönche waren zuvor geflüchtet. Die rauchenden Trümmer im berühmten Wacholderhain von Reting waren wie ein böses Vorzeichen des Sturmes der Vernichtung, der wenige Jahre später über Tibet hereinbrechen sollte.

Zwar hatten Taktra und seine Regierung die Oberhand behalten, doch war Tibet in seinen Grundfesten erschüttert und zutiefst gespalten und verlor dadurch jede Chance, seine Unabhängigkeit gegen China zu verteidigen, wo sich allmählich die Kommunisten gegen die Kuomintang durchsetzten.

Reting

Reting war das erste Kloster, das nach Beginn der Zweiten Verbreitung des Buddhismus im 11. Jahrhundert in Zentraltibet erbaut wurde. Dromtönpa, der bedeutendste Schüler Atishas und Gründer des Kadampa-Ordens, baute es 1057 als Stammsitz des Ordens inmitten eines Wacholderhains. Tsongkhapa lebte hier und der 7. Dalai Lama ernannte seinen Tutor zum Abt von Reting und begründete die Inkarnationslinie der Reting-Rinpoches. Zweimal fungierten die Reting-Rinpoches als Regenten von Tibet während der Minderjährigkeit eines Dalai Lama: Von 1845 bis 1862 und von 1933 bis 1941.

Heinrich Harrer in Lhasa

Kaum berührt von diesen Vorkommnissen nahm die Ausbildung des Dalai Lama ihren Fortgang. In seiner knappen Freizeit versuchte der Kundun sich autodidaktisch Englisch und die lateinische Schrift beizubringen, um die westlichen Bücher und Zeitschriften, die ihm zugänglich waren, lesen zu können. Eine glückliche Fügung verschaffte ihm, wenn auch nur für wenige Monate, sogar einen westlichen Freund und Lehrer. Die Österreicher Heinrich Harrer und Peter Aufschnaiter waren aus einem englischen Internierungslager in Indien ausgebrochen und nach Tibet geflüchtet. Im Januar 1946, nach fast zwei Jahren härtester Strapazen auf den tibetischen Hochebenen, erreichten die beiden Lhasa und es gelang ihnen, die Ausweisung nach Indien zu vermeiden, die unwiderruflich allen Ausländern bevorstand, die ohne ausdrückliche Genehmigung der Regierung tibetischen Boden betraten. Harrer und Aufschnaiter freundeten sich mit »fortschrittlichen« Adelsfamilien in Lhasa an und waren gern gesehene Gäste der Familie des Dalai Lama. Sie bestritten ihren Lebensunterhalt, indem sie Aufträge für diverse Projekte wie den Bau von Bewässerungskanälen und Dämmen oder die Gestaltung von Gartenanlagen annahmen, und wurden schließlich sogar von der Regierung angestellt, obgleich ihr Bleiberecht in Tibet durchaus nicht gesichert war. Harrers Buch ›Sieben Jahre in Tibet‹ gibt lebendigen Einblick in den Alltag der Tibeter am Vorabend der chinesischen Invasion, in ihre Feste, Spiele und Vergnügungen. Die vornehme Gesellschaft Tibets lebte durchaus nicht so rückständig, wie die hermetische Abgeschlossenheit des Schneelandes dies vermuten lässt. Auf den Märkten Lhasas gab es Luxuswaren aus Ost und West zu kaufen, Bücher, Zeitungen und Zeitschriften aus aller Welt kamen ins Land, Kinder aus Adelsfamilien besuchten Internate in Indien und technische Geräte wie Radios, Fotoapparate und Ähnliches waren bei den reichen Familien nicht ungewöhnlich. Man gab Partys, spielte Tennis und beschäftigte Köche, die ihr Handwerk in China oder Britisch-Indien erlernt hatten.

Während die »Upper Class« von Lhasa ihren Vergnügungen und Geselligkeiten nachging, in die selbstverständlich auch die Familie des Dalai Lama eingebunden war, lebte der Kundun im Potala in großer Einsamkeit. Nur durch die Berichte seines Bruders Lobsang Samten und die Blicke durch sein Fernrohr hoch über der Stadt vermochte er am Treiben und den Neuigkeiten Lhasas teilzuhaben. Am Neujahrsfest 1947 waren Harrer und Aufschnaiter erstmals zu einer Audienz beim Dalai Lama zugelassen, der natürlich schon viel von den beiden gehört hatte. Über seinen Bruder ließ er Heinrich Harrer beauftragen, in Lhasa für ihn zu fotografieren und zu filmen, und schließlich erhielt Harrer den Auftrag, im Norbulinka einen Kinoraum einzurichten. Doch erst im Frühjahr 1950 kam es zum direkten Kontakt des Kundun mit dem Österreicher. Harrer verstand es, sich über die Schranken des strengen Protokolls hinwegzusetzen, die den Kundun von der Außenwelt abschirmten. Sehr zum Unwillen mancher Mönchsbeamter erhielt Harrer nun regelmäßig ohne formellen Zwang Zutritt zum Dalai Lama und wurde von dem wissbegierigen Vierzehnjähri-

Der junge Gottkönig war dafür umso herzlicher. Er strahlte über das ganze Gesicht und sprudelte eine Frage nach der anderen heraus. Er kam mir vor wie ein Mensch, der jahrelang einsam über verschiedenen Problemen gebrütet hat und jetzt, da er endlich mit jemandem sprechen kann, alles zugleich beantwortet haben möchte. Er ließ mir auch gar keine Zeit, die Antworten zu überlegen, sondern drängte mich gleich zum Apparat, um einen Film einzuspannen, den er schon lange sehen wollte. Es war ein Dokumentationsfilm von der japanischen Kapitulation. Die Äbte hatte er in den Zuschauerraum geschickt, sie sollten das Publikum bilden.

Heinrich Harrer über seine erste private
Begegnung mit dem 14-jährigen Dalai Lama
im Kinoraum des Norbulinka

gen mit Fragen zu zahlreichen Themen überschüttet, über die der Kundun in seinen Büchern und Zeitschriften gelesen hatte. »Hendrik«, der Gopse (Blondschopf), wurde zu einer Art inoffiziellem Ergänzungslehrer für alles, das nicht zur traditionellen Mönchsausbildung zählte. In den Freistunden des Kundun besprach er mit seinem aufgeschlossenen jungen Freund so gut er konnte Themen wie Geografie, Technik, Geschichte, sah Filme mit ihm an, hörte englische Radionachrichten und richtete mit englischen Büchern und Landkarten, die im Nachlass des 13. Dalai Lama gefunden worden waren, eine kleine »weltliche« Bibliothek ein. Doch diese Phase zwanglosen Lernens und Diskutierens währte nur wenige Monate. An den Ostgrenzen Tibets zog schon der Sturm auf, der das alte Tibet für immer vernichten sollte. Im Herbst 1950, kurz nachdem der Überfall der chinesischen Volksbefreiungsarmee auf Tibet begonnen hatte, verließ Harrer Lhasa.

Vor dem Sturm
In den Jahren vor der chinesischen Invasion machte Tibet einige unbeholfene Versuche, aus seiner Isolation auszubrechen und seiner De-facto-Unabhängigkeit Nachdruck zu verleihen. Eine tibetische Delegation reiste 1946 über Indien nach China, um den Briten zu ihrem Sieg im Zweiten Weltkrieg und den Chinesen zum Sieg über Japan zu gratulieren. Eigentlicher Zweck der Delegation war aber, mit China über die Unabhängigkeit Tibets zu verhandeln, freilich ohne Erfolg. Mit den Tibetern reiste Gyalo Thöndup, ein Bruder des Dalai Lama. Er sollte in China politische Wissenschaften studieren. Die Delegation nahm auch an Sitzungen der chinesischen Nationalversammlung teil, was China später propagandistisch ausnutzte, um den Standpunkt, Tibet sei Teil Chinas, zu unterstreichen.

Bei einer Konferenz über innerasiatische Beziehungen in Indien durfte eine andere tibetische Delegation zwar die eigens für diesen Zweck entworfene Flagge Tibets

17 Die
tibetische
Nationalflagge.

aufstellen und eine kurze Rede halten, doch war dies nur ein winziger Achtungserfolg im Ringen um internationale Anerkennung. Indien war 1947 von den Briten in die Unabhängigkeit entlassen worden und bekam sämtliche britischen Rechte und Pflichten in Tibet übertragen. Über den drei Handelsmissionen der Briten in Tibet wehte nun die indische Flagge; England, die einzige westliche Großmacht, mit der Tibet in direktem Kontakt stand und die das Schneeland in vieler Hinsicht unterstützte, war nicht länger der »Nachbar« Tibets und verlor das Interesse am Land hinter dem Himalaya.

Auch die erste internationale tibetische Handelsmission von 1947/48, die Indien, China, die Vereinigten Staaten und England besuchte, vermochte wenig Konkretes zu erreichen. Die Gültigkeit der Pässe dieser Delegation, ausgestellt von der tibetischen Regierung wie Reisedokumente eines unabhängigen Landes, wurden Gegenstand komplizierter diplomatischer Spiegelfechtereien. England und die USA, die den Tibetern grundsätzlich wohlgesinnt gegenüberstanden, beugten sich dem Protest Chinas und vermieden jeglichen Anschein, sie würden Tibets Unabhängigkeit offiziell anerkennen. Noch musste sich das geschwächte China damit begnügen, die De-facto-Unabhängigkeit Tibets auf diplomatischem Parkett anzufechten. Doch in dem vom Bürgerkrieg zerrissenen

Reich der Mitte bahnte sich ein Machtwechsel an. Die neuen kommunistischen Herren folgten der Maxime ihres Führers Mao Tse-tung, die dieser bereits 1938 formuliert hatte: »Die politische Macht kommt aus den Gewehrläufen.«

Die Jahre bis zur Flucht

Im Frühjahr 1949 verlor die nationalchinesische Regierung trotz massiver Unterstützung durch die USA die Kontrolle über China an die Kommunisten. Chiang Kai-shek floh mit anderthalb Millionen Gefolgsleuten und beträchtlichen Schätzen auf die Insel Formosa (Taiwan). Die Volksbefreiungsarmee übernahm nun auch die unter Kontrolle regionaler Warlords stehenden tibetischen Gebiete von Amdo und Kham. Ma Pu-feng, jener muslimische Gouverneur, der einst die Lösegeldzahlungen für den gerade aufgefundenen Dalai Lama erpresst hatte, flüchtete mit seinem Harem und seinen Reichtümern, ohne den Kommunisten Widerstand zu leisten. In Amdo kam auch ein Bruder des Dalai Lama mit den neuen Herren Chinas in Kontakt – Taktster Rinpoche, der Abt des Klosters Kumbum geworden war. Er berichtete von Ausschreitungen gegen die Bevölkerung und religiöse Stätten. Viele Mönche verließen die Klöster und tauchten in ihren Heimatdörfern unter.

In Lhasa wurden solche Nachrichten mit Sorge aufgenommen. Die prophetischen Warnungen des 13. Dalai Lama vor der »roten Gefahr« und das Schicksal der Mongolei der zwanziger und dreißiger Jahre, als während kommunistischer Säuberungsmaßnahmen zahllose Mönche und Lamas ermordet und Klöster geplündert worden waren, betrafen nun auch Tibet. Im Sommer 1949 handelte die tibetische Regierung: Die chinesische Funkstation in Lhasa wurde stillgelegt und ihre Besatzung ausgewiesen, zusammen mit etwa 300 bis 400 anderen Chinesen, die sich als Händler oder Mönche in Lhasa aufhielten und nun als Spione verdächtigt wurden. Als Mao am 1. Oktober 1949 die Volksrepublik China ausrief, hielt sich in dem von der Regierung des Dalai Lama kontrollierten Teil Tibets kein einziger Chinese mehr auf. Und doch verkündete eine der ersten Verlautbarungen des neuen kommunistischen Regimes Chinas, Tibet müsse von »ausländischen Imperialisten befreit« und ins chinesische Mutterland heimgeholt werden. Dies sei eines der wichtigsten Anliegen Chinas. Angesichts der Tatsache, dass sich die in Tibet lebenden Ausländer aus westlichen Ländern an den Fingern abzählen ließen – es waren weniger als zehn –, klang die Begründung der geplanten »Befreiung« und »Heimholung« wie blanker Hohn.

Die tibetische Regierung versuchte angesichts der konkreten Bedrohung hektisch, die Versäumnisse der vergangenen Jahrzehnte gutzumachen. Die von der Geistlichkeit rigoros vertretene Politik, Tibet zu isolieren und alle Neuerungen zu blockieren, sollte sich nun bitter rächen. Das tibetische Militär befand sich in einem beklagenswerten Zustand und war weit davon entfernt, selbst einem weit schwächeren Feind als der bestens ausgerüsteten Volksbefreiungsarmee ernsthaften Widerstand entgegensetzen zu können. Daran änderte auch die Tatsache nichts, dass nun leichte Waffen in Indien gekauft und neue Soldaten ausgehoben wurden. In Lhasa ging die erste tibetische Radiostation auf Sendung; weitere Stationen wurden in Chamdo (Kham) und im nordtibetischen Nagchuka eingerichtet. Zwar schickten die Tibeter jetzt ihren Anspruch auf Unabhängigkeit in tibetischer, chinesischer und englischer Sprache in den Äther – doch ihr Ruf verhallte ungehört. Der Versuch, Gesandtschaften nach England, Amerika, Indien und Nepal zu schicken, um militärische und diplomatische Hilfe zu erbitten, scheiterte, weil die Regierungen dieser Länder signalisierten, sie würden die Delegationen nicht empfangen. Aussichtslos war auch der Plan, die Mitgliedschaft bei den Vereinten Nationen zu erwirken. Zugleich versuchte Tibet, mit China in Verhandlungen zu treten, doch schon die Vorbereitungen blieben im Sand diplomatischer Manöver stecken.

Der Überfall auf Tibet

Indes zog China etwa 20 000 Soldaten im östlichen Kham zusammen, ein Bruchteil nur der über 5 Millionen Mann starken Volksbefreiungsarmee, doch den tibetischen Truppen haushoch überlegen. Nur etwa 3500 schlecht ausgebildete und mangelhaft ausgerüstete reguläre Soldaten sicherten die Grenzen, verstärkt durch lokale Milizen. Ihre Kommandanten verfügten über keinerlei militärische Ausbildung, denn in Tibet hatte jeder Beamte, dem dies von der Regierung befohlen wurde, ohne weitere Befähigung oder Schulung als Offizier zu fungieren.

Mao Tse-tung jedoch bestand auf einer »friedlichen Befreiung« Tibets. Er gab Befehl an die Truppen, als Befreier und Freunde aufzutreten, nicht als Eroberer. Jede Form von Plünderung war untersagt, im Gegenteil, alles, was von der lokalen Bevölkerung benötigt wurde, sollte mit eigens ausgegebenen Silbermünzen fair bezahlt werden. Die chinesische Propaganda versprach den Tibetern nach der Heimholung ins Mutterland religiöse Freiheit, Schutz aller Tempel und Klöster, Respekt für lokale und religiöse Bräuche. Auch das traditionelle System von Wirtschaft, Administration und Militär sollte für eine Reihe von Jahren nicht den sozialistischen Reformen unterzogen werden, ebenso nicht die Privilegien von Klöstern und Adelsfamilien. Zwar sah die Realität in den bereits von den Kommunisten übernommenen Gebieten von Amdo und Kham anders aus, doch nicht wenige tibetische Lamas schenkten den Versprechungen der Chinesen Glauben, war es doch in den vergangenen Jahrhunderten stets gelungen, sich mit dem mächtigen Nachbarn zu arrangieren. Die Klöster waren weniger an einer politischen Unabhängigkeit oder nationalen Einheit Tibets interessiert, sondern ausschließlich daran, dass ihre feudalen Privilegien und die buddhistische Religion unangetastet blieben.

Indes häuften sich die bösen Omen. Ein Komet erschien, für Tibeter das Vorzeichen eines Krieges. Im August 1950 erschütterte ein schweres Erdbeben Südosttibet und zerstörte zahlreiche Dörfer. Aus dem Maul eines Drachen am Jokhang floss Wasser, obwohl zuvor kein Regen gefallen war, und am Fuß des Potala stürzte das Kapitell der Säule herab, die vor Jahrhunderten als Wahrzeichen des Friedens zwischen Tibet und China errichtet worden war. Die Tibeter befragten die Staatsorakel und suchten die drohende Gefahr abzuwenden, indem sie verstärkt Rauchopfer darbrachten und die Rituale in den Klöstern intensivierten.

Doch weder die wenig effektiven diplomatischen Bemühungen der Regierung noch die religiösen und magischen Unternehmungen der Lamas vermochten das Schicksal Tibets zu wenden. Am 5. Oktober 1950 griff die Volksbefreiungsarmee an sechs verschiedenen Orten an. Nur kurz zuvor war Lhalu, der Gouverneur von Kham, der fest zum Widerstand entschlossen war, durch Ngapö Ngawang Jigme ersetzt worden, der die Meinung vertrat, solcher Widerstand sei angesichts der chinesischen Übermacht zwecklos. Er sollte Recht behalten. Die Tibeter wehrten sich anfangs mit dem Mut der Verzweiflung, doch vergebens. Tausende Khampas wollten den offiziellen tibetischen Truppen in Chamdo zu Hilfe eilen und baten den Gouverneur, sie zu bewaffnen. Ngapö lehnte ab, ließ stattdessen das Arsenal sprengen und verließ mit seinen Verbänden fluchtartig die Stadt. In knapp zwei Wochen hatten die Chinesen Chamdo und andere wichtige Orte in Kham – zumeist kampflos – eingenommen. Die tibetischen Soldaten kapitulierten, wurden entwaffnet und in ihre Heimatdörfer zurückgeschickt. Der Weg nach Lhasa stand den Chinesen offen. Doch die Volksbefreiungsarmee setzte ihren Vormarsch nicht fort. Noch immer galt Maos Wort von der »friedlichen Befreiung«. Mao wusste nur zu gut, dass die Lage in Tibet anders war als in den Gebieten, die ebenfalls ins Mutterland »heimgeholt« wurden und die – wie Tibet – bis heute um ihre Unabhängigkeit ringen: das muslimische Sinkiang (das alte Ost-Turkestan) und die innere Mongolei. Allein in Sinkiang lebten 200 000 bis 300 000 Chinesen, in Tibet kein einziger. Auch die Chance, in Tibet lokale Bauernaufstände gegen die »herrschende Klasse« zu organisieren, war gleich Null. Die tibetischen Bauern und Nomaden waren an einer »Befreiung« vom Feudalsystem nicht im mindesten interessiert. Dazu kamen logistische Schwierigkeiten – es gab in Tibet keine Straßen, keine Eisenbahnlinie, keine Flugpisten. Auch wenn das tibetische Militär keine Gefahr für die Volksbefreiungsarmee darstellte, konnte ein Guerillakrieg auf dem Dach der Welt zu einer schweren Belastung für das »neue China« werden. Zudem stand die Regierung des über Jahrzehnte de facto unabhängigen Tibet mit England, Indien und den USA in selbstständigem Kontakt. Mao setzte nach dem militärischen Nadelstich in Kham, der die Überlegenheit Chinas wirkungsvoll demonstriert hatte, auf Verhandlungen, um eine freiwillige Angliederung Tibets an China zu erreichen. Seine Generäle warnte Mao: »Unsere Truppen befinden sich an einem Ort, wo in der Vergangenheit keine Chinesen waren.«

Der Dalai Lama übernimmt die Macht

Die Regierung in Lhasa ließ sich von der hoffnungslosen Lage nicht zum Einlenken bewegen. Die Anweisungen an die tibetische Gesandtschaft, die in Delhi in Kontakt mit den Chinesen stand, enthielten nur wenig Bereitschaft zum Kompromiss. Auch der junge Dalai Lama war strikt dagegen, die Unabhängigkeit Tibets aufzugeben. Auf seinen Wunsch hin wurden die Schutzgottheiten befragt. Auch sie sprachen sich gegen das Aufgeben der Souveränität aus. Entsprechend wurde die Gesandtschaft in Delhi instruiert. Auch die bereits vereinbarte Reise der Mission nach Peking zu weiteren Verhandlungen wurde aufgrund von Orakelsprüchen abgesagt.

Zur gleichen Zeit forderten in Lhasa Straßenlieder und Plakate, der Dalai Lama solle vorzeitig die Macht übernehmen. Der Regent Taktra, nun 75 Jahre alt und allgemein »der alte Mann« genannt, wurde beim Volk zunehmend unbeliebt. Auch die Staatsorakel empfahlen die vorgezogene Inthronisierung des minderjährigen Dalai

Lama, ebenso die vom Kashag einberufene Nationalversammlung. Taktra Rinpoche trat ohne Widerrede zurück.
Nur der Dalai Lama zögerte. In einem Interview sagte er
Jahre später: »Dies erfüllte mich mit Sorge. Ich war gerade 16 Jahre alt. Ich war noch weit vom Abschluss meiner
religiösen Ausbildung entfernt. Ich wusste nichts über
die Welt und hatte keinerlei politische Erfahrung, und
doch war ich alt genug, um zu erkennen, wie unwissend
ich war und wie viel ich noch zu lernen hatte.«

Doch schließlich übernahm er, in Tibets schwerster
Zeit, die volle Verantwortung seines Amtes. Am 17. November 1950 wurde ihm bei der offiziellen Thronbesteigung im Potala das goldene Rad überreicht, das Symbol
des Chakravartin, des Weltenherrschers, der weltliche und
spirituelle Macht in sich vereinigt. Seine erste Amtshand-
lung war die Verkündung einer Amnestie für alle Insas-
sen tibetischer Gefängnisse.

Noch vor der Thronbesteigung des Dalai Lama richtete
Tibet einen Appell an die Vereinten Nationen, der letzt-
lich nur aufzeigte, wie isoliert Tibet wirklich war. Einzig
El Salvador nahm sich der Sache des Schneelandes an

18 Im Kloster
Dungkar
Gompa im
Chumbi Tal
zeigt der Dalai
Lama eine
Buddha-Reli-
quie. Dieses
Foto von Hein-
rich Harrer ist
das letzte Bild
des Dalai
Lama im freien
Tibet.

und stellte den Antrag, die chinesische Aggression zu verurteilen und den Appell Tibets auf die Tagesordnung der UN-Vollversammlung zu setzen. Ausgerechnet die einzigen »Freunde« Tibets – Indien und England – wussten dies zu verhindern: der legale Status von Tibet sei nicht klar und außerdem würde eine internationale Einmischung einer friedlichen Lösung des Konflikts nur schaden. Am 24. November folgte die UN-Vollversammlung diesen Argumenten und vertagte den Antrag Tibets auf unbestimmte Zeit.

Ebenfalls im Herbst 1950 kam Taktser Rinpoche von Amdo nach Lhasa, um seinem Bruder das Ultimatum der Chinesen zu überbringen, Tibet solle sich ohne weiteren Widerstand unterwerfen. Die Chinesen hatten Taktser versprochen, er würde Generalgouverneur von Tibet werden, sollte seine Mission erfolgreich sein, und ihm sogar befohlen, seinen Bruder zu ermorden, sollte dieser sich der »Befreiung« durch die Chinesen widersetzen. Taktser berichtete in Lhasa von chinesischen Repressionen gegen die Klöster und nutzte die Gelegenheit zur Flucht. Er gab seine Mönchsgelübde zurück und ging ins Ausland. Auch seinen Bruder drängte er, ihm baldmöglichst ins Exil zu folgen.

Als ein weiterer Versuch Tibets scheiterte, sich an die Vereinten Nationen zu wenden, entschlossen sich die Tibeter, in Peking direkt mit China zu verhandeln. Aber der Spielraum, der Tibet blieb, war eng geworden. Niemand wusste, wie lange Mao seine Truppen in Kham noch zurückhalten würde. Also hörte der Dalai Lama auf seine Berater, die ihn drängten, Lhasa zu verlassen. Ende Dezember 1950 wurden Hunderte von Lasttieren mit Goldstaub, Silberbarren und Münzen beladen und auf die Reise in den Süden geschickt. Der Maharaja von Sikkim hatte sich bereit erklärt, Teile des tibetischen Staatsschatzes vor dem Zugriff der Chinesen zu bewahren. Auch der Dalai Lama und seine hohen Regierungsbeamten nahmen die alte Handelsroute nach Sikkim. Zum ersten Mal verließ der Kundun den Potala nicht in prunkvoller Prozession, sondern heimlich, da man fürchtete, das Volk könne seine Abreise verhindern. In Lhasa waren zwei Beamte, der Adelige Lukhangwa und der Mönchsbeamte Lobsang Tashi als Statthalter zurückgelassen worden. Auf dieser Reise kam der Dalai Lama erstmals hautnah mit seinem Land und seinem Volk in Berührung. Nach zwei Wochen, im Januar 1951, traf er im Chumbi-Tal ein, im Dorf Dromo (Yatung), das nur wenige Meilen von der Grenze Sikkims entfernt lag. Sollte die Lage in Tibet eskalieren, war eine Flucht ins rettende Exil jederzeit möglich. Viele tibetische Adelsfamilien trafen nun ebenfalls Vorkehrungen, Reichtümer und Familienmitglieder ins benachbarte Ausland in Sicherheit zu bringen.

Das 17-Punkte-Abkommen

Von Yatung reiste eine fünfköpfige Delegation unter Leitung des ehemaligen Gouverneurs von Kham, Ngapö Ngawang Jigme, nach Peking, um Verhandlungen über die Zukunft Tibets zu führen. Zwar war der Delegation ausdrücklich nicht die Autorität verliehen, wichtige Entscheidungen selbstständig zu treffen, doch übernahm Ngapö eigenmächtig die Verantwortung. Er ahnte, dass langwieriges Rückfragen per Boten und Telegramm bei der tibetischen Regierung die Verhandlungen unweigerlich zum Scheitern bringen und Tibets Lage weiter verschlechtern würden. Ngapö hatte entsprechende Erfahrung. Seine dringenden Botschaften nach Lhasa während des Einmarsches der Volksbefreiungsarmee in Kham waren unbeantwortet geblieben, weil die Minister in der Hauptstadt bei einem Picknick nicht gestört werden wollten. Ngapö ging davon aus, dass die Regierung das Abkommen später immer noch ablehnen könne, falls sie mit den ausgehandelten Punkten nicht zufrieden wäre. Ngapö sollte übrigens später unter der chinesischen Besatzungsmacht Karriere machen und galt vielen Tibetern als Kollaborateur.

Am 29. April 1951 begannen in Peking die Verhandlungen, die mit der Unterzeichnung des »17-Punkte-Abkommens« endeten. Zunächst jedoch drängten die Chinesen auf die Anerkennung des 10. Panchen Lama. Er war 1938 in Osttibet geboren und von Lamas aus Tashilunpo anerkannt worden. Lhasa hatte die Anerkennung bislang verweigert und auf der Prüfung weiterer Kandidaten bestanden. Hatte schon der 9. Panchen Lama mit den Chinesen kooperiert, so wurde sein Nachfolger systematisch für chinesische Interessen instrumentalisiert. 1949 wurde in seinem Namen ein Glückwunschtelegramm an Mao zur Ausrufung der Volksrepublik China gesandt und später verbreiteten die Chinesen, der Panchen Lama, den sie zum Vorsitzenden einer »Provisorischen Tibetischen Regierung« ernannt hatten, hätte sie um die »Befreiung Tibets« gebeten. Es war Peking wichtig, dass dieser ebenso einflussreiche wie chinafreundliche religiöse Führer auch vom Dalai Lama akzeptiert wurde. Daher machte China diesen Punkt zur Bedingung für die Aufnahme der eigentlichen Gespräche über die Zukunft Tibets. Um ein frühzeitiges Scheitern der Verhandlungen zu verhindern, erkannte die Regierung des Dalai Lama den 10. Panchen Lama als wahre Inkarnation an.

Nun legten die Chinesen die fertig formulierten 17 Punkte vor, die zum größten Teil von der tibetischen De-

Auszüge aus dem 17-Punkte-Abkommen von 1951

4. Punkt: Die zentralen Behörden werden das bestehende politische System in Tibet nicht verändern. Die zentralen Behörden werden auch den etablierten Status, die Funktionen und die Macht des Dalai Lama nicht verändern. Beamte verschiedener Dienstgrade sollen wie bisher ihr Amt ausüben.
7. Punkt: Die Religionsfreiheit, wie sie im Gemeinsamen Programm der Beratenden Versammlung der Volksrepublik China niedergelegt ist, soll durchgesetzt werden. Der religiöse Glaube, die Sitten und Gebräuche des tibetischen Volkes sollen respektiert, die Lamaklöster geschützt werden. Die zentralen Behörden werden keine Veränderung bei den Einkünften der Klöster herbeiführen.

legation ohne wesentliche Gegenrede akzeptiert wurden. Tibet wurde weit reichende Autonomie zugesichert, allerdings unter chinesischer Oberherrschaft. Einige geheime Zusatzpunkte, die die Tibeter einbringen konnten, regelten die Zukunft des tibetischen Militärs und der tibetischen Polizei sowie den Status des Dalai Lama. Als es bei Punkt 15, der die Einsetzung eines militärischen und administrativen Komitees der chinesischen Regierung in Tibet betraf, zur einzigen hitzigen Debatte kam, drohten die Chinesen mit militärischer Gewalt. Der Delegation blieb nichts anderes übrig, als der Vereinbarung am 23. Mai zuzustimmen. Da die Tibeter die zur Unterzeichnung nötigen offiziellen Staatssiegel nicht bei sich führten, wurden Ersatzsiegel von den Chinesen angefertigt. Dies untermauerte die Position der tibetischen Regierung, die Delegation sei zur Unterzeichnung eines verbindlichen Abkommens gar nicht autorisiert gewesen und dazu gezwungen worden.

Schon der erste Paragraf des 17-Punkte-Abkommens besiegelte das Schicksal eines unabhängigen Tibet: »Das tibetische Volk wird sich vereinigen und die aggressiven imperialistischen Kräfte aus Tibet vertreiben; das tibetische Volk wird in die große Familie des Mutterlandes zurückkehren – die Volksrepublik China.« Zum ersten Mal in der tibetischen Geschichte erkannte Tibet an, dass es Teil Chinas sei.

Der Dalai Lama und seine Regierung in Yatung erfuhren von der Unterzeichnung dieses folgenschweren Abkommens am 26. Mai über den chinesischen Rundfunk, noch bevor das Telegramm der eigenen Gesandtschaft eintraf. Nun wurde in den nächsten Wochen die Frage erörtert, ob der Dalai Lama das Abkommen ablehnen und aus seinem Heimatland fliehen solle. Einige Regierungsmitglieder rieten zur Flucht ins Ausland. Auch die USA versuchten den Dalai Lama mehrfach zu bewegen, ins Exil nach Indien, Sri Lanka, Thailand oder Amerika zu gehen, um von dort den Widerstand gegen die Kommunisten zu leiten. Sie arbeiteten sogar konkrete Fluchtpläne für ihn und seine engsten Vertrauten aus. Andere Berater hingegen, vor allem die Vertreter der Klöster, die sich auf das Versprechen der Chinesen beriefen, das religiöse System in Tibet werde nicht angetastet, drängten den Dalai Lama, nach Lhasa zurückzukehren. Anfang Juli trat die tibetische Nationalversammlung in Yatung zusammen. Auch sie empfahl die Rückkehr nach Lhasa. Eine Divination mit Teigkugeln kam zum gleichen Ergebnis. Am 14. Juli begegnete der Dalai Lama erstmals in seinem Leben Vertretern der neuen Herren in Tibet. Eine chinesische Delegation traf in Yatung ein, um die offizielle Stellungnahme des Dalai Lama und der tibetischen Regierung zum 17-Punkte-Abkommen einzuholen. Der Dalai Lama vertröstete sie und brach eine Woche später nach Lhasa auf, wo er Mitte August eintraf.

Am 9. September 1951 marschierten 3000 Mann des 18. chinesischen Infanterieregiments unter wehenden roten Fahnen mit Marschmusik und großen Bildern von Mao und Chou En-lai in Lhasa ein, um die »friedliche Befreiung« Tibets zu besiegeln. Zehntausende weitere Soldaten folgten. Ende September diskutierte die tibetische Nationalversammlung das 17-Punkte-Abkommen ausführlich, hörte die Delegation, die in Peking verhandelt hatte, und schlug schließlich dem Dalai Lama vor, es offiziell zu bestätigen. Am 24. Oktober sandte der Dalai Lama ein Telegramm an Mao Tse-tung, in dem er das 17-Punkte-Abkommen anerkannte.

Die Chinesen in Lhasa

Wie von Mao versprochen, verhielten sich die chinesischen Truppen zunächst diszipliniert. Sie versuchten, sich die Tibeter zu Freunden zu machen, indem sie Geld an die Mönche verteilten und immer wieder versicherten, sie seien als Helfer gekommen, als Garanten für Religionsfreiheit, Schutz der Klöster und eine lokale Autonomie Tibets, wie dies im 17-Punkte-Abkommen festgeschrieben stand. Sehr zum Unmut kommunistischer Hardliner in Peking war vorläufig keine Rede von sozia-

listischen Reformen im zentralen Tibet. Tibet wurde eine
Sonderstellung eingeräumt: Das traditionelle Feudalsystem bestand weiter, Rechte und Besitz von Adel und Klöstern wurden nicht angetastet, das Leben in Lhasa verlief
weitgehend in gewohnten Bahnen. Der Dalai Lama in seinem Palast hoch über der Stadt wandte sich wieder seinen
Studien zu. Auch der Panchen Lama kehrte vorübergehend nach Tibet in sein Stammkloster Tashilunpo zurück.
Die erste Begegnung mit dem Dalai Lama im Februar
1952 in Lhasa verlief kühl.

Doch schon bald kam es zu Reibereien. Immer mehr
Einheiten der Volksbefreiungsarmee rückten in Tibet ein
und begannen mit dem Aufbau einer modernen Infrastruktur. Wichtigstes Projekt waren zwei Straßen, die
Zentraltibet an das chinesische »Mutterland« anschließen
sollten. Auf ihnen sollte der Nachschub für die Volksbefreiungsarmee rollen, um die endgültige Eroberung
Tibets sicherzustellen. Die eine führte von Siling durch
Amdo nach Lhasa, die andere von Chengdu durch Kham

19 Am 25.12.1954 kommen auf neu gebauten Verbindungsstraßen
die ersten chinesischen Militärlastwagen in Lhasa an.

Das Feudalsystem im alten Tibet

Das alte Tibet war geprägt von einem mittelalterlichen Feudalsystem, das – abgesehen von kleineren Reformen – bis zum Einmarsch der Chinesen Mitte des 20. Jahrhunderts Bestand hatte. Der größte Teil des tibetischen Landes war entweder in Händen der Regierung oder von Großgrundbesitzern aus Kreisen des Adels, der Klöster und inkarnierten Lamas. Die Bauern und Nomaden, die auf den entsprechenden Gütern oder Weiden lebten, waren ihren Grundherren leibeigen, mussten die Felder ihrer Herren bestellen bzw. ihre Viehherden versorgen, waren zu Fronarbeit und Transportdiensten verpflichtet und mussten oft auch Familienmitglieder als Soldaten, Mönche, Nonnen oder Bedienstete in Adelshäusern abstellen. Neben den Abgaben an landwirtschaftlichen Produkten an den Grundherren waren die Bauern mit Steuern belastet, die oft gegen hohe Zinsen gestundet wurden. So kam es, dass manche Familien über viele Generationen hinweg hoch verschuldet waren. Vor allem die Großklöster benötigten umfangreichen Grundbesitz, um die Versorgung von oft Tausenden von Mönchen sicherzustellen. Das Gelug-Kloster Drepung beispielsweise besaß 185 Güter mit 25 000 Leibeigenen und 300 große Weideflächen mit 16 000 Nomaden. Doch auch ein Regierungsmitglied und Kommandant der tibetischen Armee verfügte noch über etwa 4000 Quadratkilometer Land mit 3500 Leibeigenen. Neben den leibeigenen Bauern und Nomaden gab es eine kleine Anzahl freier Bauern sowie etwa 10 000 Tibeter, die als Kaufleute, Händler oder Handwerker tätig waren, und außerdem landlose Leibeigene, Vagabunden und Bettler. Obwohl der Großteil der ländlichen Bevölkerung in äußerster Kargheit und Armut lebte, gab es in Tibet nie Hungersnöte und, abgesehen von Bauernrevolten gegen lokale Fürsten im 10. Jahrhundert, auch nie Aufstände gegen das Feudalsystem. Die tiefe Verwurzelung der Bevölkerung in der Religion und die enge Verflechtung mit dem Klosterwesen (so gut wie jede Familie ließ mindestens einen Sohn zum Mönch weihen) trugen ihren Teil dazu bei, dass die gesellschaftlichen Strukturen des alten Tibet über Jahrhunderte stabil blieben. Die Befreiung von der Feudalherrschaft war ein Hauptargument der chinesischen Invasoren in Tibet. Sie mussten jedoch feststellen, dass die Bevölkerung im Wesentlichen zufrieden war und an einer »Befreiung« aus den traditionellen Lebensumständen oder an einer Erhebung gegen die Grundbesitzer nicht im Geringsten interessiert. Aus diesem Grund sagte Mao Tse-tung dem Dalai Lama zu, das traditionelle Gesellschaftssystem Zentraltibets für einige Jahre nicht sozialistischen Reformen zu unterziehen. Verheerende Misswirtschaft und Hungersnöte waren die Folge, als nach der Flucht des Dalai Lama diese Reformen doch zwangsweise durchgesetzt wurden.

nach Lhasa. Im Dezember 1954 erreichten die ersten Militärlastwagen die tibetische Hauptstadt. Auch der Handel konnte nun von Tibets traditionellen Handelspartnern Nepal und Indien nach China umgelenkt werden. In Lhasa mieteten oder kauften die Chinesen Häuser und übernahmen große Grundstücke für ihre Militärlager. Da eine Versorgung der Truppen aus dem »Mutterland« nicht möglich war, mussten die Tibeter für die Ernährung der Soldaten aufkommen. Große Mengen an Getreide und anderen Landwirtschaftsprodukten mussten aufgebracht werden. Die Preise stiegen in kurzer Zeit um das Zehnfache, erste Lebensmittelengpässe entstanden. Die Chinesen zahlten bald für die Waren nicht mehr direkt, sondern erklärten, der Gegenwert werde in den Aufbau Tibets investiert. Rasch wuchs die antichinesische Stimmung. Die Bevölkerung beschimpfte die chinesischen Soldaten als »Gelbe Hunde« und »Wegelagerer«, Kinder sangen Spottlieder, antichinesische Plakate klebten an Hauswänden und der Ruf nach dem Abzug der Volksbefreiungsarmee wurde immer lauter. Auch Lukhangwa, einer der beiden tibetischen Premierminister, kritisierte die Chinesen und wies offen auf Missstände hin. Die Chinesen zwangen den Dalai Lama, beide Minister als »imperialistische Reaktionäre« zu entlassen.

Um kommunistischen Reformen zuvorzukommen, fasste der Dalai Lama, unterstützt von seinem Bruder Gyalo Thöndup, eigene Reformpläne. Er begründete ein Reformkomitee, das sich um Verbesserungen des Justizwesens, einen Schuldenerlass für die Bauern und Landreformen bemühte. Doch wie schon frühere Versuche, die gesellschaftlichen Strukturen Tibets zu verändern, scheiterte auch dieser am Widerstand der Klöster und der adeligen Großgrundbesitzer – und an den Chinesen, die an moderaten Reformen gar nicht interessiert waren, sondern den radikalen Umbau Tibets planten. Gyalo Thöndup floh aus Tibet, obwohl ihm die Chinesen hohe Ämter anboten.

1954 erhielt der Dalai Lama in Lhasa seine Ordination zum Gelong, zum Vollmönch. Im gleichen Jahr leitete er die erste Kalachakra-Einweihung. Sein Tutor Ling Rinpoche hatte ihn in dieses tantrische System initiiert, das später im Exil zu einem »Markenzeichen« des Dalai Lama werden sollte.

Der Dalai Lama in China

Im Sommer 1954 brach der Dalai Lama mit seiner Familie und etwa 500 Beamten nach Peking auf. Die chinesische Regierung hatte ihn eingeladen, eine tibetische Delegation zur verfassungsgebenden Nationalversammlung der Volksrepublik anzuführen. Schon im Jahr zuvor waren tibetische Beamte und Adelige nach China eingeladen worden, um sich mit eigenen Augen von den Errungenschaften des »neuen China« zu überzeugen. Ihre Berichte von modernen Großstädten und technischen Wunderdingen wie Eisenbahnen, Flugzeugen und Ähnlichem, waren in Tibet mit Neugierde, aber auch mit Erschrecken aufgenommen worden.

Als der Dalai Lama in einem Yakhautboot über den Kyichu-Fluss bei Lhasa setzte, gaben viele Tibeter tiefer

20 Der Dalai Lama und der
Panchen Lama 1954 in Peking
mit Mao Tse-tung.

Besorgnis Ausdruck, ihr »Wunscherfüllendes Juwel« werde
nie wieder aus China zurückkehren. Zwar waren die
Straßen, die die Chinesen bauen ließen, um Tibet ans
»Mutterland« anzuschließen, noch nicht ganz fertig, doch
dauerte die 3500 Kilometer lange Reise nach Peking nicht
mehr Monate wie noch zu Zeiten des 13. Dalai Lama,
sondern nur wenige Wochen. In Chengdu bestieg der
Dalai Lama zum ersten Mal in seinem Leben ein Flugzeug,
das ihn nach Xian brachte, und dort sah er erstmals eine
Eisenbahn, mit der er – nun auch begleitet vom 10. Panchen Lama – nach Peking weiterreiste, wo die beiden
Großlamas von eigens abkommandierten Jubelbrigaden
empfangen wurden. Der Dalai Lama war äußerst beeindruckt von den Errungenschaften moderner Technik, die
er in China kennen lernte, nicht weniger Eindruck aber
hinterließen seine zehn Begegnungen mit Mao Tse-tung.
Der junge Tenzin Gyatso war von Maos Ausstrahlung
fasziniert und vertraute dem »Großen Steuermann« und
seinen Versprechungen, das tibetische Volk könne das
Tempo der Reformen selbst bestimmen, da China Tibet
doch nur helfen wolle. Der Dalai Lama zeigte sich interessiert an den Ideen des Marxismus. Zwar stieß ihn die
strikt materialistische Weltsicht ab, doch war er überzeugt, dass sich zwischen Buddhismus und Kommunis-

mus eine Brücke schlagen ließe, traten beide doch für Gleichheit und Gerechtigkeit ein. Es heißt, der Dalai Lama habe in Peking sogar den Wunsch geäußert, Parteimitglied zu werden. Er wurde hofiert in Chinas Hauptstadt, hatte viele offizielle Anlässe, Sitzungen, Reden und Dinners zu absolvieren und wurde zum Stellvertretenden Vorsitzenden des Ständigen Ausschusses der Politischen Konsultativkonferenz ernannt, einem Beratungsgremium des Politbüros. Außer Mao lernte der Dalai Lama viele Spitzenfunktionäre Chinas kennen und auch Diplomaten und Politiker anderer Länder, beispielsweise Chruschtschow, Bulganin und Nehru. Nach zehn Wochen in Peking wurden dem Dalai Lama auf einer ausgedehnten Rundreise durch Nordchina die Errungenschaften des »neuen China« vorgeführt – Fabriken, Kraftwerke, Museen, Schulen, Universitäten und landwirtschaftliche Genossenschaften. Als er Ende Januar 1955 nach Peking zurückkehrte, gab er anlässlich des tibetischen Neujahrsfests selbst eine große Einladung, zu der auch Mao mit den wichtigsten chinesischen Führern erschien. Der Große Vorsitzende tat alles, um den »Gottkönig« für sich einzunehmen, wusste er doch, dass die »friedliche Befreiung« Tibets nur gelingen würde, wenn der Dalai Lama sie unterstützte. Kurz vor der Abreise des Kundun aber erschütterte Mao das Vertrauen, das der Dalai Lama in ihn gefasst hatte, nachhaltig. »Sie haben eine gute Einstellung«, lobte er den jungen Tibeter. »Aber die Religion ist Gift. Sie schwächt die Nation und verhindert den Fortschritt des Landes.« Der Dalai Lama war entsetzt, glaubte in Mao nun doch einen Zerstörer des Dharma, der buddhistischen Lehre, zu erkennen. Trotzdem war er beim Verlassen Pekings optimistisch bezüglich der Zukunft Tibets unter chinesischer Oberherrschaft.

Auf seiner Rückreise nach Lhasa besuchte er, streng kontrolliert von chinesischen »Beschützern«, Klöster und Dörfer, unter anderem seinen Heimatort Taktser. Dort wurde er mit ersten Früchten chinesischer Indoktrination konfrontiert: Als er sich bei Verwandten nach ihren Lebensbedingungen erkundigte, erhielt er die stereotype Antwort: »Durch den Vorsitzenden Mao, den Kommunismus und die Volksrepublik China sind wir sehr glücklich.« Doch während sie das sagten, standen Tränen in ihren Augen.

Als der Dalai Lama im Mai 1955 nach Lhasa zurückkehrte, fand er die Stadt verändert. Chinesische Schulen waren eingerichtet, »patriotische« Frauenverbände und Jugendorganisationen ins Leben gerufen worden. Die Adelsfamilien mussten ihre Kinder aus indischen Internaten zurückholen. Auf den fertig gestellten Straßen rollten Lastwagenkonvois mit Nachschub und Soldaten aus China. Ein ganzes Stadtviertel für die chinesischen Beamten sowie große Militärlager waren entstanden. In Tibet waren nun schon über 220 000 Soldaten der Volksbefreiungsarmee stationiert. Zugleich heizten antichinesische Flugblätter und Plakate die Stimmung an. Nachrichten von chinesischen Greueltaten in Osttibet und vom heroischen tibetischen Widerstand waren in aller Munde.

Widerstand in Osttibet

Hielt sich Mao in Zentraltibet weitgehend an sein Versprechen, die bestehenden wirtschaftlichen, religiösen und sozialen Strukturen vorerst unangetastet zu lassen, begannen in den osttibetischen Provinzen Amdo und

21 Khampa-Widerstandskämpfer in Osttibet.

Kham der »sozialistische Umbau« und der »Klassen-kampf«. Grundbesitzer wurden enteignet und verurteilt, Clanführer abgesetzt, hohe Steuern erhoben. Die Noma-den, deren freie Lebensform eine Bedrohung für das tota-litäre Regime darstellte, wurden zwangsangesiedelt und ihre Herden kollektiviert. Gleichzeitig begann eine Kam-pagne gegen die Religion. Mönche und Nonnen wurden aus den Klöstern vertrieben, öffentlich gedemütigt und misshandelt. Beginnend in Lithang brachen in Kham spo-radische Aufstände los. Versuche der Chinesen, die Khampas zu entwaffnen, fachten den Widerstand nur weiter an. Nie würde ein Khampa freiwillig sein Gewehr aufgeben, bedeutete das doch einen kaum wieder gutzu-machenden Ehrverlust für diese stolzen, freiheitslieben-den Nomadenkrieger. Die lokalen Aufstände breiteten sich aus wie ein Flächenbrand. Stellenweise wurde die Volksbefreiungsarmee zum Rückzug gezwungen, Tau-sende chinesische Soldaten wurden getötet. Die Armee schlug mit aller Härte zurück. Nun begannen sich die verschiedenen, zuvor nicht selten verfeindeten Khampa-Clans gegen den gemeinsamen Feind zu verbrüdern. Mönche ließen sich von ihren Gelübden entbinden, um gemeinsam mit Nomaden und Bauern gegen die Chine-sen zu kämpfen. Den Rebellen gelang es, unter schweren Verlusten alle wichtigen Orte in Kham außer der Haupt-stadt Chamdo zurückzuerobern. Das offene Land war ohnehin unter ihrer Kontrolle.

Im Sommer 1956 bombardierten und stürmten die Chi-nesen Klöster in Kham, in denen Rebellen und Flücht-linge Schutz gesucht hatten. Mönche wurden ermordet, Nonnen vergewaltigt, Familien von untergetauchten Wi-derstandskämpfern gefoltert, Kinder nach China ver-schleppt, Häuser und Tempel geplündert, zahllose Men-schen auf bestialische Art hingerichtet. Tausende flohen vor dem chinesischen Terror nach Zentraltibet, obwohl die Volksbefreiungsarmee den Flüchtlingsstrom mit Waf-fengewalt zu stoppen suchte. Nun schloss sich auch Amdo der Rebellion an. Andrug Gompo Tashi, ein Kaufmann aus Lithang, wurde zur charismatischen Führerfigur des Widerstandes. Sein Ziel war es, alle Rebellengruppen zu vereinigen und auch Zentraltibet zum Aufstand zu bewegen. Chushi Gangdrug – »Vier Flüsse, sechs Gebirgszüge« –, der alte tibetische Name für Kham, wurde bei einem Treffen von 23 Anführern von Rebellengruppen als Name der Widerstandsbewegung ausgerufen. Gompo Tashi knüpfte Kontakte zu Gyalo Thöndup, dem in Indien lebenden Bruder des Dalai Lama, um ausländische Hilfe für den Aufstand zu erbitten.

Während der Kundun wiederholt zur Gewaltlosigkeit aufrief und den Aufständischen jede Unterstützung verweigerte, förderte sein Bruder den bewaffneten Widerstand in Tibet. Auf Vermittlung von Gyalo Thöndup engagierte sich nun der US-Geheimdienst CIA im tibetischen Freiheitskampf. Im März 1957 wurden die ersten sechs Tibeter unter strengster Geheimhaltung auf den US-Stützpunkt Saipan im Südpazifik geflogen, dort ausgebildet und im September des gleichen Jahres in Tibet eingeschleust. Nur zwei, die mit Fallschirmen abgesprungen waren, kamen durch und kontaktierten Gompo Tashi in Lhasa. Das angestrebte Treffen mit dem Dalai Lama kam aber nicht zustande. Die USA richteten nun eigens für die Ausbildung tibetischer Guerilla das Trainingslager Camp Hale in den Rocky Mountains ein, in dem bis Ende 1964 259 tibetische Widerstandskämpfer ausgebildet wurden. Die Tibeter waren der festen Überzeugung, Amerika, in der chinesischen Propaganda stets als Hauptfeind Chinas verunglimpft, würde sich für die Unabhängigkeit Tibets engagieren, den USA aber ging es nur darum, im Rahmen des Kalten Krieges das kommunistische China zu destabilisieren. Im Sommer 1958 wurden erstmals Waffen für die Rebellen über Tibet abgeworfen. Gompo Tashi wandte sich an den Kashag, forderte Waffen und die Hilfe der tibetischen Armee sowie einen Aufruf des Dalai Lama zum bewaffneten Widerstand aller Tibeter. Erstmals nahm ein gesamttibetisches Nationalbewusstsein Gestalt an.

Gleichzeitig forderten die Chinesen vom Dalai Lama, er

solle reguläre tibetische Truppen gegen die Freiheitskämpfer einsetzen. Der Dalai Lama konnte Letzteres verhindern, protestierte auch mehrfach gegen die Greueltaten der Chinesen in Osttibet, doch verweigerten er und
seine Regierung dem tibetischen Widerstand nach wie
vor jede Hilfe. Zwar bewunderte der Kundun den Mut
der Khampakrieger, die sich mit Todesverachtung und
verblüffendem Erfolg der hoch überlegenen Volksbefreiungsarmee entgegenwarfen, Militärlager, Straßenbaukolon-
nen und Lastwagenkonvois überfielen und ein immer
größeres Territorium unter ihre Kontrolle brachten, doch
berief er sich andererseits auf strikte Gewaltlosigkeit im
Sinne Mahatma Gandhis und im Sinne des Buddhismus,
der das Töten fühlender Wesen verbietet. Obwohl der
Dalai Lama die Widerstandskämpfer aufforderte, die Waffen niederzulegen und jeglicher Gewalt abzuschwören,
war ihm sehr wohl bewusst, dass die Rebellen vor allem
für ihn kämpften: »Überdies wusste ich, dass sie guten
Glaubens waren, aus Treue zu mir als dem Dalai Lama
kämpfen zu müssen: Der Dalai Lama war der Inbegriff
dessen, was sie verteidigen wollten.«

Der Dalai Lama in Indien
Während im Osten Tibets der offene Krieg tobte und immer mehr Flüchtlinge und Widerstandskämpfer nach
Zentraltibet strömten, kam im April 1956 der chinesische
Außenminister Zhen-yi nach Lhasa, um das »Vorbereiten-
de Komitee zur Errichtung der Autonomen Region Tibet«
zu installieren. Der Dalai Lama wurde zum Vorsitzenden
ernannt, der Panchen Lama zu seinem Stellvertreter. Das
Komitee bestand aus 51 Tibetern und nur 5 Chinesen,
doch waren die tibetischen Mitglieder nicht gewählt worden, sondern von der Kommunistischen Partei handver-
lesen und vollkommen unter Kontrolle des Tibet-Arbeits-
komitees der Partei, das ausschließlich mit Chinesen
besetzt war. Der Kashag und die Nationalversammlung
blieben zwar formell bestehen, konnten vom Komitee
aber bei allen Entscheidungen überstimmt werden. Der

22 Der chinesische Außenminister Zhen-yi wird im April 1956 vom Dalai Lama in Lhasa empfangen.

Dalai Lama und seine Regierung dienten in dieser Farce von »Demokratie« und »Autonomie« nur mehr als Aushängeschilder.

Die Einladung der indischen Mahabodhi-Gesellschaft zum »Buddha Jayani«, der Feier zum 2500. Geburtstag des Buddha, kam dem Dalai Lama gelegen. Erst wollten die Chinesen »aus Sicherheitsgründen« seine Reise nach Indien verhindern, da sie fürchteten, der Dalai Lama würde in Indien um Asyl nachsuchen. Doch als der Maharaja von Sikkim nach Lhasa reiste, um die Einladung persönlich zu überbringen und auch der indische Ministerpräsident Nehru sich telegrafisch für eine Reise des Dalai Lama einsetzte, lenkten die Chinesen ein. Begleitet vom Panchen Lama und ausgestattet mit von den Chinesen vorgefertigten Redemanuskripten, begab sich der Dalai Lama Ende November 1956 auf Pilgerfahrt zu den heiligen Stätten des Buddhismus in Indien. Am Tag nach seiner Ankunft in Delhi besuchte er tief bewegt das Rajghat, den Verbrennungsplatz Gandhis. »Ich fühlte, dass hier eine große Seele anwesend war – die Seele des Mannes, der zu Lebzeiten vielleicht der größte unseres Zeitalters war«, schrieb der Dalai Lama später. Er fühlte sich durch sein großes Vorbild, in dem er einen »wahrhaften Schüler Buddhas« sah, bestärkt in seiner Haltung, sich »niemals auf Handlungen der Gewalt einzulassen«. Auf dem Symposium des »Buddha Jayani« hielt der Dalai Lama eine Rede über die Aspekte von Freiheit und Frieden in den Lehren des Buddha. Die Grundsätze der Gewaltlosigkeit betonte er auch bei Ansprachen, die er auf seiner Pilgerreise zu heiligen Orten des Buddhismus hielt – nach Sanchi, Ajanta, Benares, Bodh Gaya und Sarnath.

Auf dringenden Rat seiner Brüder und anderer Vertrauter erwog der Dalai Lama, in Indien zu bleiben, doch Nehru versuchte seine Bedenken bezüglich der Chinesen zu zerstreuen und redete ihm zu, in seine Heimat zurückzukehren. Auch der chinesische Ministerpräsident Chou En-lai, der eigens nach Delhi gekommen war, um Nehru und das Oberhaupt der Tibeter zu treffen, drängte zur Rückkehr und versprach, Fehler, die »lokale Amtspersonen« in Tibet gemacht hätten, würden korrigiert. Er bekräftigte Maos Versprechen, die Chinesen würden sich aus Tibet zurückziehen, wenn die Tibeter in der Lage seien, ihre Angelegenheiten selbst zu regeln. Auch Mao signalisierte, dass Tibet noch nicht für durchgreifende Reformen bereit sei und diese während des nächsten »Fünfjahresplanes« und, wenn nötig, sogar lange darüber hinaus nicht durchgeführt würden. Da auch das Staatsorakel zur Rückkehr riet und der Dalai Lama seine Ausbildung noch nicht abgeschlossen hatte, kehrte er Ende März 1957 in das von Unruhen und Aufständen geschüttelte Tibet zurück. Rote Fahnen und Bilder von Mao, respektlos zwischen die Gebetsfahnen des Grenzpasses gehängt, begrüßten ihn in seiner Heimat. Auf seinem Weg nach Lhasa hielt er Ansprachen an die Bevölkerung, in denen er seine Landsleute aufforderte, sich an das 17-Punkte-Abkommen zu halten und den chinesischen Versprechungen zu vertrauen.

Volksaufstand und Flucht

Gompo Tashi, das Oberhaupt des tibetischen Widerstandes, war entschlossen, die nationale Rebellion gegen die Chinesen auch gegen den Willen der tibetischen Regierung anzufachen. Doch nicht nur die unter starkem chinesischen Druck stehende Regierung, auch tibetische Adelige, die mit den Chinesen kooperierten und vom Handel mit ihnen profitierten, widersetzten sich solchen Plänen. Die tibetische Regierung befand sich in einer unglücklichen Situation – von den Chinesen wurde sie beschuldigt, mit den Rebellen unter einer Decke zu stecken, die Widerstandskämpfer wiederum bezichtigten die Regierung der Kollaboration mit den Besatzern.

Auch unter chinesischen Funktionären gab es unterschiedliche Meinungen zur Tibetpolitik. Mao versuchte es weiterhin mit Gesten der Mäßigung – in der kurzen »Hundert-Blumen-Periode« zog er Funktionäre und Truppen aus Tibet ab und sicherte dem Dalai Lama noch einmal schriftlich zu, China werde in den nächsten Jahren keinerlei sozialistische Landreformen in Tibet durchführen, wobei mit »Tibet« stets nur das zentrale und westliche Tibet, die spätere »Autonome Region Tibet« gemeint war, nicht jedoch Osttibet, wo diese »Reformen« längst mit Gewalt durchgesetzt wurden. Andererseits forderten chinesische Hardliner, dass solche Reformen in ganz Tibet sofort beginnen sollten und klagten moderatere chinesische Politiker an, den tibetischen Nationalismus zu fördern. Später machten diese Hardliner die liberale chinesische Tibetpolitik für den Volksaufstand von 1959 und sogar für die Ausschreitungen in Lhasa Ende der achtziger Jahre verantwortlich, die ebenfalls nach einer Periode politischen Tauwetters eingesetzt hatten.

Die tibetischen Rebellen kontollierten nun schon fast drei Viertel des Landes. In ganz Tibet kam es zu antichinesischen Kampagnen. Immer wieder gelangen den Rebellen schwere Schläge gegen die Besatzungsmacht. Im Mai 1958 vernichteten sie nur 35 Kilometer vor Lhasa ein chinesisches Militärlager und töteten über tausend Soldaten, im Herbst des gleichen Jahres zerstörten sie eine Garnison mit dreitausend Mann und übernahmen die Kontrolle über so gut wie alle Gebiete südlich des Tsangpo-Flusses. Die Widerstandskämpfer sickerten in

Lhasa ein, zusammen mit Tausenden Flüchtlingen aus Osttibet, die rings um die Stadt kampierten. Es heißt, dass tagsüber die Chinesen in Lhasa die Macht in Händen hielten, das nächtliche Lhasa aber den Khampa-Guerillas gehörte. Das Hauptquartier von Gompo Tashi und seiner Freiheitskämpfer befand sich bei Drigathang in Südtibet, wo die Widerstandsbewegung, der sich Tibeter aus allen Landesteilen angeschlossen hatten, sich nun einen neuen Namen gab: Tensung Dhanglang, was so viel bedeutet wie »Freiwillige Kräfte zur Verteidigung des Buddhismus«.

Während des Mönlam-Festes 1959 entfaltete Tibet ein letztes Mal seine ganze zeremonielle Pracht. Der 24-jährige Dalai Lama legte seine Prüfungen zum »Geshe Lharampa« ab, dem höchsten »Doktorgrad« des Gelug-Ordens. Schon im Jahr zuvor hatte er sich in prunkvollen Prozessionen zu den »drei Sitzen« Drepung, Sera und Ganden begeben, um jeweils vor Tausenden von Mönchen, Adeligen und Regierungsbeamten in öffentlichen Disputen den Stand seiner Gelehrsamkeit unter Beweis zu stellen. Die Schlussprüfung fand im Februar 1959 im Jokhang in Lhasa statt. Ein Amateurfilm, gedreht von einem Mitglied der Adelsfamilie Taring, hat diese letzten Großereignisse des alten Tibet für die Nachwelt festgehalten – die historischen Filmbilder vermitteln die Momentaufnahme einer einzigartigen religiösen Hochkultur unmittelbar vor ihrer Vernichtung.

Schon kurz darauf begann sich die Lage in Tibet zuzuspitzen. Am 5. März zog der Dalai Lama vom Potala in den Norbulinka um, wo er nun in einer neu erbauten Privatresidenz wohnte, die mit den Errungenschaften moderner Technik ausgestattet war: fließendes warmes und kaltes Wasser und Elektrizität. Zwei Tage später erhielt der Dalai Lama die Einladung, am 10. März einer Tanzveranstaltung im chinesischen Hauptquartier inmitten eines großen Militärlagers unweit des Norbulinka beizuwohnen. Nach protokollarischem Hin und Her sagte er zu, wurde aber von chinesischer Seite angewiesen, ohne

Leibgarde und ohne sein übliches Gefolge von Ministern, Offiziellen und Dienern zu erscheinen. Das nährte Gerüchte, die Chinesen planten, den Dalai Lama in eine Falle zu locken und zu entführen bzw. ihn zu zwingen, zum Nationalen Volkskongress nach Peking zu reisen.

Am 10. März versammelten sich etwa 30 000 Tibeter vor dem Norbulinka, um den Dalai Lama davon abzuhalten, das chinesische Militärlager aufzusuchen, unter ihnen zahlreiche bewaffnete Widerstandskämpfer. Gompo Tashi wollte dieses Aufwallen antichinesischer Stimmung nutzen, um ganz Tibet zum Aufstand zu bewegen. Die Rebellen übernahmen die Führung der Menge und wählten Volksvertreter. Die Demonstration vor dem Norbulinka richtete sich nicht mehr nur gegen die Chinesen, sondern auch gegen Kollaborateure unter den Adeligen und gegen die tibetische Regierung, die den Rebellen noch immer jegliche Unterstützung verweigerte. Die Menge warf Steine auf tibetische Beamte, die als chinafreundlich galten, ein Offizieller, der chinesische Kleidung trug, verlor dabei sein Leben. An den Straßen zum Norbulinka und in den engen Gassen Lhasas wurden Barrikaden errichtet und vor dem Sommerpalast blieben Wachen zurück, als sich die Menge nach Lhasa zurückzog. Tibetische Beamte trafen sich mit Rebellenführern und riefen sich selbst als »Volksversammlung« aus. Am Tag darauf strömten wieder Tausende von Tibetern zusammen, forderten den Abzug der Chinesen, die Kündigung des 17-Punkte-Abkommens und die Unabhängigkeit Tibets. Die Widerstandskämpfer übernahmen die Kontrolle in der Stadt. Soldaten der regulären tibetischen Armee wechselten zu den Aufständischen über und verteilten Waffen. Die tibetische Regierung war so gut wie abgesetzt. Selbst persönliche Appelle des Dalai Lama an die Führer der Rebellen, die Situation zu entspannen, blieben unbeachtet. Hinter den Kulissen wurde fieberhaft verhandelt. Der chinesische General beschimpfte die tibetische Regierung und drohte mit Gewalt. Der Dalai Lama wollte beschwichtigen und willigte in einem Brief ein, zu seiner eigenen

Sicherheit ins chinesische Militärlager überzusiedeln, was angesichts der Menschenmenge vor seinem Palast aber gar nicht möglich war.

Die Chinesen drohten nun mit der Bombardierung des Norbulinka, sollte sich die Menge nicht zurückziehen. Am 17. März explodierten tatsächlich zwei Mörsergranaten in der Nähe des »Juwelengartens«. Fast zeitgleich riet auch das Staatsorakel, das zuvor den Dalai Lama stets

Bei Einbruch der Dunkelheit ging ich zum letzten Mal in den Meditationsraum, der Mahakala, meiner persönlichen Schutzgottheit geweiht ist. Als ich den Raum durch die schwere, knarrende Tür betrat, hielt ich kurz inne, um in mich aufzunehmen, was ich vor mir sah: Eine Gruppe von Mönchen saß vor einer großen Statue des Beschützers und rezitierte Gebete. Es gab in diesem Raum kein elektrisches Licht, nur das Leuchten von Dutzenden von Butterlampen, die in goldenen und silbernen Schalen aufgereiht waren. Die Wände waren mit zahlreichen Fresken bedeckt. Auf einem Teller auf dem Altar lag ein Häufchen Tsampa als Opfergabe. Ein Diener, dessen Gesicht halb beschattet war, beugte sich über einen großen Topf voll Butter, womit er die Schalen nachfüllte. Niemand schaute auf, obwohl ich mir sicher war, dass sie mein Kommen vernommen hatten. Rechts von mir nahm ein Mönch die großen Becken in die Hand, während ein anderer ein Horn an den Mund setzte und einen langen, düsteren Ton blies. Dann erschallten die Becken und ihr vibrierender Ton klang noch lange nach; ein wohltuender Klang. Ich ging nach vorne und überreichte der Gottheit einen Katag, die weiße Seidenschleife. Dies ist eine traditionelle tibetische Abschiedsgeste. Dadurch kommt auch die Absicht zum Ausdruck, wieder zurückzukehren. Ich verbrachte noch einige kurze Augenblicke in stillem Gebet. Die Mönche wussten nun wohl, dass ich fortging, aber ich konnte mir ihres Schweigens sicher sein. Bevor ich den Meditationsraum verließ, setzte ich mich noch kurz hin, um aus Buddhas Sutras zu lesen. Ich las bis zu der Stelle, wo von der Notwendigkeit, Zuversicht und Mut zu entwickeln, die Rede ist.

Aus der Autobiografie des Dalai Lama ›Das Buch der Freiheit‹, über seine letzten Stunden im Norbulinka

23 Der Dalai Lama 1959 auf der Flucht.

zum Bleiben aufgefordert hatte, zur Flucht. Ein geheimer
Fluchtplan war längst ausgearbeitet worden. In der Nacht
vom 17. zum 18. März schlich der Dalai Lama in Verkleidung eines einfachen Soldaten aus dem Norbulinka.
Nicht einmal die eigenen Wachen erkannten ihn. Zusammen mit seinen noch in Lhasa verbliebenen engsten Fami-
lienangehörigen – seiner Mutter, seiner älteren Schwester und seinem jüngsten Bruder –, seinen beiden Tutoren,
einigen Ministern und Staatsbeamten sowie anderen Mitgliedern des Hofstaates gab er sich in die Obhut der
Khampa-Guerillas, die seine Flucht vorbereitet hatten. Im
Schutze der Nacht und eines Sandsturms, aufgeteilt in
drei Gruppen, gingen die Flüchtlinge zum Kyichu-Fluss,
setzten über, wurden am anderen Ufer von Widerstands-
kämpfern mit Pferden erwartet und in den Süden Tibets
geleitet, der fest in der Hand der tibetischen Guerilla war.
Über mehrere Pässe führte der beschwerliche Weg weiter
nach Südosten. Die bewaffnete Eskorte wuchs beständig
an, zuletzt auf Hunderte von Menschen, darunter eine
Reihe von Rebellen, die in den USA ausgebildet worden
waren und die CIA über Funk über die Flucht des Dalai
Lama auf dem Laufenden hielten. Es war geplant, dass
der Kundun im Lhüntse Dzong, einer Bergfestung etwa
90 Kilometer nördlich der indischen Grenze, sein Lager

aufschlagen solle, um mit den Chinesen zu verhandeln. Doch als Nachrichten von Massakern und Zerstörungen, die die Volksbefreiungsarmee in Lhasa anrichtete, den Dalai Lama und seine Berater erreichten, war klar, dass es keine Verhandlungen mehr geben würde. Zudem waren angeblich chinesische Truppen den Flüchtlingen auf der Spur. Der Dalai Lama erklärte formell das 17-Punkte-Abkommen, das die Chinesen in allen Punkten gebrochen hatten, für ungültig. Er proklamierte die Unabhängigkeit Tibets und eine provisorische tibetische Regierung. Und er schickte Gesandte nach Indien, um Nehru um politisches Asyl zu bitten. Katastrophale Wetterverhältnisse erschwerten den Weg zur Grenze. Das Zelt des Kundun war undicht und völlig durchnässt. Der Dalai Lama erkrankte und fand Unterschlupf in einem Bauernhaus. Auf dem Rücken eines Dzo (Kreuzung zwischen Rind und Yak), überquerte er schließlich am 31. März 1953 mit seinen engsten Gefolgsleuten die Grenze zu Indien, erschöpft und vom Fieber geschüttelt. Seine Eskorte aus Soldaten und Khampakriegern blieb in Tibet zurück, um den aussichtslosen Kampf gegen die Chinesen fortzusetzen.

Das Ende des »alten Tibet«

In Lhasa hatte es einige Tage gedauert, bis die Chinesen bemerkten, dass der Dalai Lama entkommen war. Am 20. März hatten sie begonnen, den Norbulinka mit Granaten und Maschinengewehren unter Feuer zu nehmen. Tausende von Tibetern – Männer, Frauen und Kinder –, die noch immer dort ausharrten, um den Kundun zu schützen, kamen ums Leben. Unter den Leichenbergen im »Juwelengarten« suchten die Chinesen nach dem Dalai Lama, während in Lhasa der offene Krieg ausbrach. Die Rebelleneinheiten lieferten der Volksbefreiungsarmee mehrere Tage lang erbitterte Kämpfe. Die medizinische Hochschule auf dem Chakpori gegenüber dem Potala wurde von chinesischen Bomben völlig zerstört, auch Tempel und Klöster wurden getroffen. Wieder kamen Tausende von Tibetern ums Leben oder wurden verwundet, Tausende andere verschwanden in Gefängnissen und Arbeitslagern. Mit äußerster Brutalität wurde der Aufstand niedergeschlagen. Die Phase einer tibetischen Sonderstellung innerhalb Chinas, die Mao propagiert hatte und die im 17-Punkte-Abkommen festgeschrieben stand, war endgültig vorbei. Nun hatten die Hardliner in der Kommunistischen Partei freie Hand. Sofort begannen Aktionen gegen die Klöster. Tempel wurden zerstört, Mönche ermordet oder deportiert. Am 28. März erklärte Chou En-lai die tibetische Regierung für aufgelöst. Ein provisorisches Komitee unter Leitung des Panchen Lama und Ngapo Ngawang Jigme, dem Verhandlungsführer der Tibeter bei der Unterzeichnung des 17-Punkte-Abkommens, wurde an ihrer Stelle eingesetzt. Mao soll auf die Nachricht, dass die Ordnung in Lhasa wiederhergestellt sei, gefragt haben: »Und der Dalai Lama?« Als man ihm sagte, der Dalai Lama sei entkommen, entgegnete er seufzend: »Dann haben wir die Schlacht verloren.«

Auch der Widerstand der Guerilla im Süden und Osten Tibets wurde nun von der Volksbefreiungsarmee systematisch gebrochen. Ende April ging Gompo Tashi ins indische Exil. Wie ein Lauffeuer verbreitete sich indes die Nachricht von der Flucht des Dalai Lama. Zehntausende von Tibetern – Bauern, Nomaden, Mönche, Adelige – machten sich in den folgenden Wochen und Monaten nach Süden auf, um dem Kundun ins Exil zu folgen. Für sie war undenkbar, in einem Tibet ohne Dalai Lama zu leben. Ein neues Kapitel tibetischer Geschichte hatte begonnen – die Epoche grausamer chinesischer Zwangsherrschaft im Schneeland und die Epoche von »Tibet im Exil«.

Die ersten Jahre im Exil

Glücklich den Chinesen entronnen, waren die Flüchtlinge noch eine Woche zur ersten indischen Stadt Bomdila unterwegs. Hier wurde dem Dalai Lama ein Willkommenstelegramm von Nehru überreicht: »Es wird uns eine Freude sein, Ihnen, Ihrer Familie und Ihrer Begleitung alle nötigen Annehmlichkeiten zur Verfügung zu stellen, damit Sie sich in Indien niederlassen können. Das indische Volk, das Sie sehr verehrt, wird Ihrer Person zweifelsohne die gebührende Hochachtung erweisen.«

Nach einigen Ruhetagen begleitete eine Spezialeinheit der indischen Armee den Dalai Lama nach Tezpur, wo ein Sonderzug bereitstand. Dort warteten etwa hundert Reporter und Fotografen, die über die »Jahrhundertflucht« berichteten, unter anderem Heinrich Harrer, der für das Life-Magazine schrieb. Tausende von Telegrammen waren eingetroffen, die dem Oberhaupt der Tibeter zu seinem Weg in die Freiheit beglückwünschten. Nie zuvor hatte ein Dalai Lama so im Rampenlicht der Weltöffentlichkeit gestanden.

Der Sonderzug nahm die Tibeter auf die viertägige Reise nach Mussoorie, einer ehemaligen britischen »Hill-Station«, die von der indischen Regierung als vorläufiger Wohnort des Dalai Lama ausgewählt worden war. Das Birla-Haus, das einer Industriellenfamilie gehörte, wurde sein erster Wohnsitz im Exil. Unterwegs zeigte sich tatsächlich die »gebührende Hochachtung« der indischen Bevölkerung, von der Nehru in seinem Telegramm gesprochen hatte: Wo immer der Zug hielt, wurde der Dalai Lama begeistert empfangen.

Das »verzweifelte« erste Jahr
Ein Jahr verbrachte der Kundun in Mussoorie. In seiner Autobiografie nennt er dieses erste Jahr des Exils »ein

24 Der Dalai Lama im ersten
Jahr des Exils.

verzweifeltes Jahr«, denn gewaltige Flüchtlingsströme
folgten ihm nach Indien, darunter fast die gesamte geistige und weltliche Elite Tibets. Die Flüchtlinge, die dem
Kundun folgten, hatten keine Vorstellung von dem, was
sie in Indien erwartete. Das ungewohnte heiße Klima, die
verheerenden hygienischen Bedingungen sowie Krank-
heiten wie Cholera, Malaria, Ruhr oder Gelbsucht setzten
den Menschen vom Dach der Welt außerordentlich zu.
Vor allem die Tuberkulose forderte zahlreiche Opfer –
seit 1959 wurden über 35 000 Fälle unter den Exiltibetern
registriert. Auch die Kindersterblichkeit war extrem hoch.
Für viele Tibeter wurde die Flucht in die Freiheit zum
Weg in den Tod. Zwei große Auffanglager waren in Indien
eingerichtet worden – Missamari in Assam und in Benga-
len Buxa Duar, ein ehemaliges britisches Kriegsgefange-
nencamp, in dessen Betonbaracken vor allem Mönche
und Lamas untergebracht wurden. Auch in Bhutan und
Nepal trafen tibetische Flüchtlinge ein. In allen Lagern
fehlte es an Nahrung, Kleidung und medizinischer Versorgung. Im Juni 1959 waren bereits über 20 000 Flüchtlinge in Indien angekommen, rasch wuchs ihre Zahl auf
85 000. Die meisten waren gezwungen, sich ihren kargen
Lebensunterhalt im Straßenbau zu verdienen. Männer,

Frauen und Kinder leisteten unter härtesten und oft gefährlichen Bedingungen Schwerstarbeit. Auch dies forderte einen hohen Zoll an Todesopfern.

Indien, zu jener Zeit selbst ein Entwicklungsland mit drängenden Problemen, gewährte den Flüchtlingen mit ganzer Kraft Unterstützung. Im Juni bat der Dalai Lama um geeignetere Aufenthaltsorte für die Flüchtlinge und traf auf Bereitwilligkeit der indischen Regierung. Premierminister Nehru schnitt zudem das Thema Bildung an. Auf sein Geheiß wurde im indischen Erziehungsministerium eine Gesellschaft für Tibetisches Erziehungswesen gegründet, welche die Kosten für tibetische Schulen übernahm. Bis in die Gegenwart kommt die indische Regierung für einen Großteil des tibetischen Schulprogramms auf. Heute gibt es 87 tibetische Schulen in Indien, Nepal und Bhutan mit insgesamt etwa 30 000 Schülern.

Trotz allem Wohlwollen den Tibetern gegenüber war Indien bestrebt, sein Verhältnis zum mächtigen Nachbarn China nicht zu belasten. Dem Dalai Lama war jegliche politische Betätigung untersagt. Auch versuchte man seinen Kontakt zu Presse und Öffentlichkeit einzuschränken. Zwar wurden diese Maßnahmen bald wieder gelockert, doch als der Dalai Lama im Juni 1959 eine Erklärung zur Situation in Tibet abgab und erneut das 17-Punkte-Abkommen aufkündigte, reagierte die indische Regierung prompt mit der Aussage, dass sie eine Exilregierung der Tibeter nicht anerkennen werde. Bis heute heißt die Regierung des Dalai Lama offiziell »Zentrale Tibetische Administration« (CTA), obwohl die Exiltibeter und auch viele Tibeter in Tibet sie als einzig legitime tibetische Vertretung betrachten. Natürlich ist das auf die traditionelle Führungsrolle des Dalai Lama zurückzuführen. Der Kundun sprach dies selbst aus, als er 1959 in Mussoorie die Exilregierung einsetzte: »Wo immer ich auch bin, begleitet von meiner Regierung, wird uns das tibetische Volk als die Regierung von Tibet anerkennen.« Bis heute definiert die CTA ihre Aufgabe zweifach: Sorge um die tibetischen Flüchtlinge im Exil *und* Wiederherstellung der

Freiheit in Tibet, ein Anspruch, der die Beziehungen zu China außerordentlich erschwert.

Die indische Regierung gestattete, dass die CTA die Führung und Administration der tibetischen Flüchtlinge und ihrer Projekte übernahm und in ihrem Namen mit Regierungsstellen und internationalen Hilfsorganisationen verhandelte. Die Flüchtlinge erhielten übrigens keine indischen Pässe, sondern besitzen bis heute nur Registrierungspapiere und gelten offiziell als staatenlos. Nur ein geringer Prozentsatz konnte die Staatsbürgerschaft der Länder erlangen, von denen sie aufgenommen wurden.

Doch nahm das »verzweifelte erste Jahr« einen positiven Ausklang. Im Dezember 1959 begab sich der Dalai Lama auf Pilgerfahrt zu den heiligen Stätten des Buddhismus in Bodh Gaya und Sarnath und gab dort Belehrungen vor Tausenden tibetischen Flüchtlingen, von denen viele ihr Oberhaupt zum ersten Mal mit eigenen Augen sahen. Und erstmals in seinem Leben weihte der Kundun eine Gruppe von tibetischen Novizen zu Vollmönchen. »Tibet in Indien« begann sich zu etablieren.

25 Der Dalai Lama besucht eine tibetische Schule im südindischen Bylakuppe.

Das »neue Tibet«

Im Oktober 1959 nahm sich erstmals die UNO der Tibetfrage an. Doch die verabschiedete Resolution war von
lauer Unverbindlichkeit und hatte keinerlei Konsequenzen, da weder Rotchina noch Tibet Mitglied der UNO
waren. China wurde zu dieser Zeit noch durch Formosa
(Taiwan) vertreten. Im Dezember 1961 folgte eine zweite
Resolution, die in schärferer Form die Verletzung funda-
mentaler Menschenrechte in Tibet und die Unterdrückung
des kulturellen und religiösen Lebens thematisierte. Einer
weiteren Resolution von 1966 stimmte sogar Indien zu,
das sich bislang aus Rücksicht auf sein Verhältnis zu
China der Stimme enthalten hatte.

Auch internationale Hilfsorganisationen kümmerten
sich nun um die tibetischen Flüchtlinge und unterstützten vor allem die medizinische Versorgung und das Bildungswesen. Da der Flüchtlingsstrom nicht versiegte und
eine baldige Rückkehr der Tibeter in ihre Heimat als un-
wahrscheinlich galt, war es wichtigstes Anliegen des
Dalai Lama, die von der Auslöschung bedrohte tibetische
Kultur zumindest im Exil zu erhalten und für die Flüchtlinge menschenwürdige Lebensbedingungen zu schaffen.
Der Kundun wollte vermeiden, dass sich die Flüchtlinge
einfach über Indien verstreuten, sondern trat für eigene
tibetische Siedlungen ein, in denen die Tibeter ihre besondere Kultur und Lebensart zu bewahren vermochten.
Nehru war einverstanden und bat die Regierungen der

Tibeter im Exil

Gegenwärtig leben mehr
als 130 000 Tibeter im
Exil, davon knapp 100 000
in Indien, ca. 25 000 in
Nepal, ca. 2000 in Bhutan,
ca. 1800 in der Schweiz,
ca. 1500 in den USA sowie
kleinere Gruppen in ver-
schiedenen anderen Län-
dern. In Deutschland wur-
den von 1960 bis heute 146
Tibeter aufgenommen, in
Frankreich 150, in Großbri-
tannien 137, in Österreich 15.

indischen Bundesstaaten, Land für Siedlungen zur Verfügung zu stellen.

Die erste zustimmende Antwort kam aus dem südindischen Mysore, dem heutigen Karnataka. 1500 Hektar Urwald in Bylakuppe nahe der Stadt Mysore wurden für etwa 3000 tibetische Siedler zur Pacht angeboten. Weitere Zusagen anderer Bundesstaaten folgten. Heute gibt es 54 tibetische Siedlungen in Indien, Nepal und Bhutan, in denen die Mehrzahl der Exiltibeter leben. Die meisten dieser Siedlungen wurden bis 1965 begründet. Auch europäische Länder und Nordamerika entschlossen sich, eine – meist geringe – Anzahl von Tibetern aufzunehmen.

1960 machten sich die ersten tibetischen Siedler auf den Weg nach Südindien. Sie trafen auf schwierigste Bedingungen. Das tropische Klima und die niedrige Höhenlage waren für die Menschen vom Dach der Welt schier unerträglich. Urwald musste gerodet, Häuser gebaut, die gesamte Infrastruktur angelegt werden. Viele der Flüchtlinge waren in Tibet Nomaden gewesen und verfügten über keinerlei Erfahrungen in der Landwirtschaft. War die Lage anfangs oft so verzweifelt, dass die Tibeter den Dalai Lama, der 1961 die Siedler besuchte, anflehten, sie an einen anderen Ort zu senden, machten die tibetischen Niederlassungen doch bald deutliche Fortschritte. Schon 1966 sprach der Ethnologe Melvyn Goldstein, der in Bylakuppe Feldforschung betrieb, von einer »enormen wirtschaftlichen Erfolgsstory«. Die indische Soziologin Girija Saklani kam in ihren Untersuchungen zu ähnlich positiven Ergebnissen und nannte drei Gründe für den Erfolg der Tibeter: ihren großen Fleiß, die Tatsache, dass die Frauen ebenso hart arbeiten wie die Männer, und einen angeborenen Instinkt für den Handel.

Die Tibeter passten sich rasch den neuen Gegebenheiten an, fügten sich den wirtschaftlichen Gepflogenheiten Indiens und erlernten die Sprachen ihrer Gastländer, ohne jedoch die eigene kulturelle und religiöse Identität preiszugeben. Dem Dalai Lama war diese Bewahrung tibetischer Identität das größte Anliegen. Bei Besuchen tibeti-

scher Siedlungen betonte er sogar, die Tibeter sollten
möglichst nur untereinander heiraten. Auf Initiative des
Kundun wurden Werkstätten eingerichtet, in denen Meister aus Tibet die traditionellen kunsthandwerklichen
Techniken lehrten. Zugleich waren diese Werkstätten
und kleinindustriellen Handwerksbetriebe, vor allem die
Teppichwebereien, Hilfe zur Selbsthilfe und bildeten
bald neben der Landwirtschaft die beste Einnahmequelle
der Exiltibeter.

Die Abgrenzung der Tibeter von der übrigen Bevölkerung war nicht immer problemlos. In Indien mehrten sich
kritische Stimmen, die verlangten, dass die Flüchtlinge
sich ohne kulturelle und soziale Barrieren in Indien
integrieren müssten. Die Kontakte zur einheimischen
Bevölkerung beschränkten sich in der Tat meist auf den
wirtschaftlichen Bereich. Da viele Tibeter es zu einem
gewissen wirtschaftlichen Erfolg brachten, beschäftigten
sie zunehmend Inder für untergeordnete Tätigkeiten
in der Landwirtschaft, den kleinen Betrieben oder in
anderen Unternehmungen wie Restaurants und Hotels
oder dem florierenden »Pullovermarkt«. Auch die tibetischen Exilklöster stellten einheimische Arbeitskräfte
ein.

Zum raschen Aufschwung der tibetischen Exilgemeinde trugen später auch die weltweit agierenden Tibet-
Hilfsgruppen bei, die den Exiltibetern hohe Spenden zu-
fließen ließen, sei es in Form von Patenschaften für
Mönche, Nonnen, Kinder und Alte oder als direkte
Finanzhilfe für Klöster, Krankenhäuser, Schulen oder andere Projekte. Wohl kein anderes »Volk in Not« hat jemals
so viel weltweite Solidarität, Hilfe und Aufmerksamkeit
erhalten wie das tibetische, was vor allem der internationalen Popularität des Dalai Lama zu verdanken ist. Freilich erregten solche Bevorzugung und solcher Erfolg der
Flüchtlinge auch Neid bei der einheimischen Bevölkerung, die oft in Armut und schwierigen Umständen lebte,
von einer derartigen weltweiten Unterstützung aber aus-
geschlossen blieb. Immer wieder kam es zu Reibereien,

26 Der Dalai Lama mit seiner Mutter in Dharamsala.

mitunter auch zu gewaltsamen Auseinandersetzungen. Auch wurden Forderungen laut, keine »fremde Regierung« innerhalb Indiens zu dulden.

Dharamsala – das »kleine Lhasa«

Dharamsala am Fuße des Himalaya im indischen Bundesstaat Himal Pradesh wurde zum Zentrum von »Tibet im Exil«. Ende April 1960 zog der Dalai Lama mit seinem Gefolge nach Dharamsala um, das von der indischen Regierung als neuer Exilort vorgeschlagen worden war. Der Dalai Lama bezog das Highcroft House, die einstige Residenz des britischen Bezirkskommissars, ein Stück über dem Dorf McLeod Ganj, wo sich nun viele Tibeter nieder-

27 Der Dalai Lama
mit Schweizer
Exiltibetern.

ließen. Der kleine Gebäudekomplex des Highcroft House
bot auch Raum für die wichtigsten tibetischen Regierungsbeamten. Der Dalai Lama selbst wohnte, wie schon
in Mussoorie, mit seiner Mutter zusammen. Erst als er 1969
in den Gebäudekomplex Thekchen Chöling umzog, den
er noch heute bewohnt, lebte er wieder alleine. Im Laufe
der Jahre entstanden in Dharamsala wichtige Zentral-
stellen der tibetischen Exilkultur, die bald auch Touristen-
ströme anzogen: die Residenz des Dalai Lama, verschiedene Ämter der CTA, eine Reihe kultureller Einrichtungen
sowie Klöster und Tempel. Und dazu Hotels, Restaurants, Reisebüros, Geschäfte und Kunsthandwerksläden.

Im Mai 1960 eröffnete das erste Heim für tibetische
Waisenkinder, das spätere Tibetan Childrens Village, das
zuerst von Tsering Dölma, der älteren Schwester des
Dalai Lama geleitet, nach deren Tod von seiner jüngeren
Schwester Jetsun Pema übernommen wurde. Tsering Dölma
knüpfte Kontakte zur Schweiz, die sich bereit erklärte,
tibetische Waisen entweder in einem Pestalozzi-Kinder-
dorf aufzunehmen oder von Schweizer Familien adoptie-

ren zu lassen. Später durften tibetische Jugendliche in der Schweiz studieren und schließlich auch tausend erwachsene Flüchtlinge dort siedeln. Die Schweiz beherbergt heute mit etwa 1800 Tibetern die größte Exilgemeinschaft außerhalb Asiens.

Die Lage in Tibet

Durch zwei Berichte der Internationalen Juristenkommission von 1959 und 1960 erfuhr die Weltöffentlichkeit von den Greueltaten der Chinesen in Tibet nach der Flucht des Dalai Lama. Auf dem Dach der Welt hatte ein Genozid eingesetzt, dem Hunderttausende Tibeter zum Opfer fielen. Zugleich begann die systematische Zerstörung der tibetischen Kultur und Religion. Unmittelbar nach der blutigen Niederschlagung des Volksaufstandes vom März 1959 setzte sich in Zentraltibet fort, was in den östlichen Provinzen Kham und Amdo längst an der Tagesordnung war: die gezielte Ausplünderung und Zerstörung der Schatzhäuser der tibetischen Kultur – der Klöster und Tempel. Edelmetalle und Edelsteine wurden von chinesischen Fachleuten von Statuen und Ritualgegenständen entfernt. Hunderte von Tonnen besonders wertvoller Artefakte wurden nach China transportiert, dort entweder zerstört oder auf dem internationalen Kunstmarkt in Devisen umgesetzt. Zahllose Metallobjekte wurden nach ihrem Materialwert abgeschätzt und eingeschmolzen. Mönche und Nonnen wurden aus ihren Klöstern vertrieben, viele sakrale Gebäude zerstört oder zu Ställen und Lagerhäusern umfunktioniert. Die sozialistischen Reformen wurden nun auch in Zentraltibet gewaltsam durchgesetzt. Bis 1975 wurden 99% aller tibetischen Bauern

Das Komitee hat herausgefunden, dass Akte des Genozids in Tibet begangen wurden in dem Versuch, die Tibeter als religiöse Gruppe zu zerstören.

Aus dem Report der Internationalen Juristenkommission, Genf, von 1960

und Nomaden in Kommunen zusammengeschlossen. Erstmals in der Geschichte Tibets kam es zu Hungersnöten mit weit über 300 000 Todesopfern. Selbst der 10. Panchen Lama, der sich noch 1959 rückhaltlos auf die Seite der Chinesen gestellt hatte, überreichte nach einer Inspektionsreise eine Petition an Mao, in der er die chinesische Politik und Misswirtschaft in Tibet scharf kritisierte. Schonungslos prangerte er Hungersnöte, Grausamkeiten, Massenmorde und die Auslöschung der tibetischen Kultur an. Er durfte daraufhin zwei Jahre lang nicht mehr öffentlich auftreten. Als ihm 1964 von den Chinesen die Gelegenheit gegeben wurde, sich zu rehabilitieren, indem er vor Zehntausenden Tibetern den Dalai Lama als Verräter und Staatsfeind anprangern sollte, verkündete er stattdessen, der Dalai Lama sei die Hoffnung Tibets. Daraufhin wurde der Panchen Lama als »Feind des Volkes« verhaftet, in einem Stadion in Peking öffentlich gedemütigt und verschwand anschließend für zehn Jahre in Einzelhaft in einem chinesischen Gefängnis.

Im September 1965 wurden Zentral- und Westtibet zur »Autonomen Region Tibet« zusammengefasst, die mit 1,2 Millionen qkm Fläche nur etwa die Hälfte des ursprünglichen tibetischen Kulturraumes umfasste. Die östlichen Provinzen – ganz Amdo und ein Großteil von Kham – wurden mit ihren über drei Millionen tibetischen Einwohnern den chinesischen Provinzen Sichuan, Gansu, Qinghai und Yünnan zugeschlagen. Wenn auf modernen Landkarten Tibet dargestellt ist oder chinesische Regierungsvertreter von Tibet sprechen, ist nur mehr die »Autonome Region« gemeint.

Ein Jahr später hetzte Mao Tse-tung die Roten Garden auch in Tibet in die »Große Proletarische Kulturrevolution«, um seine schwindende Macht innerhalb der Partei zu stabilisieren. Die »vier Alten« – alte Kultur, alte Bräuche, alte Gewohnheiten, alte Denkweisen – sollten radikal ausgetilgt werden; eine Katastrophe für die tief in ihren religiösen Traditionen verwurzelte tibetische Bevölkerung. Zehn Jahre wüteten die fanatisierten Roten Garden im Schneeland. Doch entgegen der von chinesischen Offiziellen vertretenen Meinung, erst die – heute als Fehler erachtete – Kulturrevolution, die auch das chinesische Mutterland schwer schädigte, habe die Klöster und Tempel Tibets zerstört, bleibt festzuhalten, dass die gezielte Vernichtung der buddhistischen Kultur in Tibet bereits 1959 begann und während der Kulturrevolution lediglich ihren traurigen Höhepunkt erreichte.

Nun blieben auch die kleinen Klöster und Tempel an den abgelegensten Orten Tibets nicht mehr vor der Zerstörungswut der Roten Garden verschont. Von den insgesamt etwa 6300 Heiligtümern Tibets überstanden nur 13 diese Vernichtungswelle einigermaßen unbeschadet. Unschätzbar wertvolle Bibliotheken mit alten Handschriften und Blockdrucken gingen in Flammen auf, Wandmalereien wurden abgeschlagen, Statuen zertrümmert, Tempel und Klöster gesprengt. Oftmals wurde die Bevölkerung mit vorgehaltenem Gewehr gezwungen, »ihre« Klöster, seit Jahrhunderten Mittelpunkt spirituellen und kulturellen Lebens, niederzureißen. Auch die natürlichen Ressourcen Tibets wurden radikal ausgebeutet. Die üppige Tierwelt, die sich aufgrund des buddhistischen Verbots, Lebewesen zu töten, ungehindert hatte entfalten können, wurde nahezu ausgerottet – meist aus bloßer

28 Ein wieder aufgebauter Chörten vor den Ruinen der 1409 gegründeten Klosteruniversität Ganden. Vor der Zerstörung durch die Chinesen war Ganden mit Tausenden von Mönchen das geistige Zentrum des Gelugpa-Ordens.

Jagdlust. Die dichten Urwälder Osttibets wurden gerodet (bis heute fiel etwa die Hälfte der tibetischen Waldfläche radikalem Kahlschlag zum Opfer – mit unwägbaren Folgen für Klima und Umwelt von ganz Ostasien), an heiligen Seen entstanden Kraftwerke, auf den unberührten Hochebenen Raketenbasen, militärische Testgelände und Endlager für Atom- und Giftmüll.

Tibet war nie ein friedliches »Shangrila« gewesen. Blutige Auseinandersetzungen und ein drückendes Feudalsystem hatten seine Geschichte geprägt, das Tibet nach 1959 aber wurde für seine Bewohner über Jahrzehnte zur Hölle auf Erden. Aus den Augenzeugenberichten geflüchteter Tibeter und aus geschmuggelten Briefen und Aufzeichnungen formte sich ein Mosaik kaum vorstellbaren Terrors und sadistischer Gewalt. Jegliche Ausübung der Religion war streng verboten, ebenso Bräuche, Trachten, Feste und sonstige Ausdrucksformen traditioneller tibetischer Lebensart. Die in Volkskommunen zusammengefassten Tibeter in ihren Mao-Uniformen waren sieben Tage die Woche von Sonnenaufgang bis Sonnenuntergang zum Arbeitsdienst zwangsverpflichtet und mussten an den Abenden das berüchtigte »Thamzing« über sich ergehen lassen, stundenlange »Kampfsitzungen«, bei denen »Klassenfeinde« sich selbst anklagen mussten und dabei gedemütigt, geprügelt und nicht selten vor den Augen

---

Shangrila

Diese Bezeichnung für ein von Himalayagipfeln beschirmtes idyllisches Paradiestal, in das nur Ausgewählte vordringen können, wurde erfunden von dem amerikanischen Autor James Hilton in seinem Roman ›Lost Horizon‹ von 1933 (deutsch: ›Irgendwo in Tibet‹). »Shangrila« wird seither oft als Synonym für Tibet, Bhutan und andere Himalayagegenden oder als Name für Hotels, Restaurants und Läden gebraucht.

ihrer Angehörigen umgebracht wurden. Tausende Tibeter verschwanden in Gefängnissen und Arbeitslagern, die eher Vernichtungslagern glichen, wurden gefoltert, hingerichtet, verhungerten. Mönche und Nonnen wurden zur Aufgabe ihrer Gelübde genötigt, zu öffentlichem Geschlechtsverkehr gezwungen, gefoltert, vergewaltigt, bestialisch ermordet. Tibetische Frauen mussten sich zwangsweisen Abtreibungen und Sterilisationen unterziehen, Kinder wurden den Eltern weggenommen, um im »neuen China« erzogen zu werden. Der Genozid auf dem Dach der Welt und die Vernichtung der tibetischen Kultur gehört zu den schlimmsten Verbrechen, die das 20. Jahrhundert gesehen hat.

Der tibetische Widerstand
Auch nach der Flucht des Dalai Lama ging der bewaffnete Widerstand gegen die Besatzer weiter. Die Rebellen lieferten sich schwere, verlustreiche Schlachten mit den chinesischen Truppen. Bis Anfang 1960 schleuste die CIA die in den USA im Guerillakampf ausgebildeten Tibeter im Schneeland ein. Doch trotz heftigster Gegenwehr und todesverachtenden Mutes der tibetischen Kämpfer erstickte die hoch überlegene Volksbefreiungsarmee schließlich den Widerstand in Blut. Viele Freiheitskämpfer setzten sich nach Indien ab und begannen wie die meisten Flüchtlinge im Straßenbau zu arbeiten. Doch damit trat der Kampf gegen die Chinesen nur in eine andere Phase. Gyalo Thöndup, der Bruder das Dalai Lama, organisierte zusammen mit dem aus Tibet geflüchteten Rebellenführer Gompo Tashi eine neue Widerstandsbasis in Mustang, einem auf der Nordseite des Himalayakammes gelegenen ehemaligen tibetischen Königreich, das nun zu Nepal gehörte. Die CIA finanzierte die Aktion und schickte Waffen. Bei den aus Tibet geflüchteten Rebellen machte diese Neuigkeit rasch die Runde. Bald hatten sich über 2000 Kämpfer in Mustang versammelt und setzten von dort zu Überfällen auf chinesische Militärkonvois und zivile Ziele in grenznahen Gegenden an oder sickerten in Lhasa ein,

um Untergrundaktivitäten und Spionageringe zu organisieren. Bei einem dieser Überfälle erbeuteten die Tibeter sensible Dokumente, die der CIA erstmals den Beweis lieferten, dass der »Große Sprung nach vorne« im kommunistischen China gescheitert war, sowie chinesische Aufzeichnungen, aus denen hervorging, dass bei den Aufständen in Lhasa zwischen März 1959 und September 1960 etwa 87 000 Menschen den Tod gefunden hatten.

Doch nicht nur für das Widerstandsnest in Mustang wurden Tibeter rekrutiert. Nachdem Nehrus Traum von einer Freundschaft zwischen Indien und China im Grenzkrieg von 1962 um die seit der britischen Kolonialherrschaft umstrittenen Gebiete im Osthimalaya geplatzt war, unterstützte Indien nicht nur gemeinsam mit der CIA die tibetischen Freiheitskämpfer, sondern warb im November 1962 zahlreiche Exiltibeter für eine Hochgebirgstruppe an, die bei der Verteidigung der indischen Grenzen gegen China eingesetzt werden sollte.

Und doch waren die Tage des bewaffneten tibetischen Widerstands gezählt. 1964 starb Gompo Tashi. Gyalo Thöndup, der immer wieder die rückständigen, in feudalen Verkrustungen denkenden Beamten und Minister der tibetischen Exilregierung heftig kritisierte, geriet in die Mühlen von Intrigen und Beschuldigungen – unter anderem wurde er vom Kashag für den weitgehenden Verlust des tibetischen Staatsschatzes verantwortlich gemacht – und zog sich nach Hongkong zurück. Es gab Rangeleien um die Führung der Widerstandsbewegung, zudem Unstimmigkeiten unter den Exiltibetern und deren verschiedenen Volksgruppen und schließlich signalisierte auch die CIA, die Unterstützung werde eingestellt. 1965 wurden zum letzten Mal Waffen für die Rebellen über Mustang abgeworfen, 1968 die finanzielle Hilfe nur mehr für weitere drei Jahre zugesagt und zwar zum Zweck der geordneten Auflösung der Guerilla. Die Tibeter hatten ihre Rolle im Kalten Krieg ausgespielt und wurden von den USA mit kühlem Kalkül fallen gelassen. Geheimgespräche zwischen den USA und China leiteten die Annäherung der beiden Großmächte ein, die 1971 mit der offiziellen Anerkennung und Aufnahme der Volksrepublik China in die UNO und ein Jahr darauf mit dem Besuch des US-Präsidenten Nixon in Peking ihre Bestätigung erfuhr.

Die Tibeter beschlossen, aus eigener Kraft weiterzukämpfen. Erst als der Dalai Lama 1974 in einer Tonbandbotschaft zu den Rebellen sprach und sie zum Niederlegen der Waffen aufforderte, gaben sie auf. Die meisten von ihnen folgten dem Appell des Kundun, einige begingen aus Verzweiflung über das Scheitern ihrer Mission Selbstmord, eine kleine Gruppe ließ sich auf den Kampf mit nepalesischen Truppen ein und wurde aufgerieben.

Pazifismus und Gewalt

Obwohl der Dalai Lama stets den pazifistischen Weg vertreten hat, ist die Idee des radikalen Befreiungskampfes gegen die chinesischen Besatzer bis heute aktuell. Vor allem junge Tibeter sind verärgert und frustriert über die Entwicklungen in Tibet und wollen sich nicht mit der vom Dalai Lama gepredigten Geduld und Gewaltlosigkeit begnügen. Am 7. Oktober 1970 wurde der Tibetische Jugendkongress (TYC) gegründet. Der Dalai Lama unterstützte die Gründung des TYC, obwohl die Methoden und Ziele dieser Vereinigung nicht die seinen sind. So etwa lautet eine der Pflichten eines jeden TYC-Mitglieds: »Für die vollständige Unabhängigkeit Tibets zu kämpfen, auch wenn es das eigene Leben kostet.« Durch Demonstrationen, Friedensmärsche und Hungerstreiks rückt der TYC die Tibetfrage immer wieder in die öffentliche Aufmerksamkeit. Manchen Tibetern ist auch das nicht genug. Sie fordern eine Rückkehr zum bewaffneten Widerstand, wollen Aufstände oder zivilen Ungehorsam gegen die chinesischen Besatzer in Tibet schüren, knüpfen Kontakte zu Untergrundgruppen in Tibet. Selbst terroristische Aktivitäten gegen chinesische Botschaften und das Beispiel der Intifada der Palästinenser wurden in Erwägung gezogen. Die Volksaufstände Ende der achtziger Jahre sowie drei Bombenanschläge in Lhasa von 1996 zeigen, dass militanter Widerstand jederzeit aufflammen kann – auch gegen den Willen des Dalai Lama.

Dieser lehnt nach wie vor Gewalt in jeder Form kategorisch ab. Selbst Hungerstreiks und Ähnliches betrachtet er als Gewalt gegen die eigene Person, die er nicht gutheißt. So wurde ein »Hungerstreik bis zum Tod«, den sechs Tibeter vor dem Hauptquartier der UN in New York begonnen hatten, auf dringende Bitte des Dalai Lama vorzeitig abgebrochen. Und als 1998 einem Hungerstreik von Tibetern in Delhi durch die Polizei gewaltsam ein Ende gesetzt wurde und sich daraufhin ein Tibeter durch Selbstverbrennung das Leben nahm, reagierte der Dalai Lama tief betroffen, äußerte zugleich aber Verständnis für die Motive der radikalen Tibeter: »Viele Jahre war es mir gelungen, das tibetische Volk davon zu überzeugen, sich in unserem Freiheitskampf der Gewaltanwendung zu enthalten. Heute ist klar, dass bei vielen Tibetern ein Gefühl von Frustration und Ausweglosigkeit um sich greift, das in dem Hungerstreik bis zum Tode und dem tragischen Vorfall von gestern (die Selbstverbrennung) seinen Ausdruck findet. … Obwohl ich mit der Art ihres Vorgehens nicht einverstanden bin, bewundere ich doch die Motivation und die Entschlossenheit dieser Tibeter. Sie waren bereit zu sterben, nicht aus egoistischen Motiven heraus, sondern für die Rechte der sechs Millionen Tibeter und das Überleben ihrer Kultur.«

Demokratie auf Tibetisch

Viele Tibeter versuchten nicht nur ihre Kultur, sondern auch das Gesellschaftssystem des alten Tibet in der Fremde zu bewahren. Dem Dalai Lama hingegen war bewusst, dass sich die verkrusteten Feudalstrukturen und das darauf gründende Regierungssystem überlebt hatten. Waren seine zaghaften Reformversuche in den ersten Jahren der chinesischen Besatzung in Tibet gescheitert, so vermochte er im Exil Reformen durchzuführen, die für tibetische Verhältnisse wie eine Revolution erschienen. Schon in seinen wöchentlichen Audienzen in Mussoorie im ersten

29 Der Dalai Lama empfängt
tibetische Flüchtlinge in
Dharamsala.

Jahr des Exils schaffte er das strenge und umständliche
Protokoll ab, das über Jahrhunderte den Umgang der
Tibeter mit ihrem Oberhaupt geregelt hatte. So mancher,
der sich wie gewohnt in tiefer Verehrung vor dem Kundun niederwerfen wollte, war erstaunt, wenn er vom
Dalai Lama daran gehindert und wieder auf die Beine gestellt wurde. »Nach und nach konnte ich auf diese Weise
auch das Protokoll abschaffen, das dafür verantwortlich
gewesen ist, dass der Dalai Lama stets von seinem Volk
abgesondert lebte. Ich war fest davon überzeugt, dass wir
nicht an alten Bräuchen festhalten sollten, die nicht mehr
zeitgemäß waren, und erinnerte die Menschen immer
wieder daran, dass wir jetzt Flüchtlinge waren«, schreibt
der Dalai Lama.

Auch bei seiner Exilregierung setzte er Veränderungen
durch. Wichtigstes Anliegen war ein Demokratisierungs-
prozess nach dem Muster westlicher Staaten. Auf sein Bestreben wurde 1963 eine provisorische Verfassung für ein
demokratisch geordnetes Tibet verkündet. 1991 wurde
die fertig ausgearbeitete Verfassung vom exiltibetischen

Parlament verabschiedet. Es ist wohl einmalig in der Geschichte, dass demokratische Rechte nicht vom Volk erkämpft, sondern von einem »Gottkönig« verordnet werden und dennoch bei vielen Untertanen auf Skepsis und Ablehnung stoßen. Auf völliges Unverständnis bei zahlreichen Tibetern traf die Regelung, dass der Dalai Lama durch eine Zweidrittelmehrheit des Parlaments in seinen weltlichen Funktionen abwählbar sein sollte. Wie konnte die Verkörperung des Avalokiteshvara durch Wahlen und Abstimmungen von gewöhnlich Sterblichen eingeschränkt oder gar abgeschafft werden? Für einen tief im Glauben verwurzelten Tibeter war dies undenkbar. Im März 2004 ging der Dalai Lama noch einen Schritt weiter und übertrug dem Exilparlament seine komplette weltliche Macht.

Im September 1960 wurde das legislative Organ der Exilregierung eingesetzt, die »Kommission der Abgeordneten des tibetischen Volkes«, die später in »Versammlung der Abgeordneten des tibetischen Volkes« umbenannt wurde. Dieses Parlament, das seit 1963 alle fünf Jahre von den Exiltibetern gewählt wird, wurde 1990 auf 46 Mitglieder erweitert und folgendermaßen strukturiert: Die drei tibetischen Provinzen Amdo, Kham und Ü-Tsang stellen je 10 Abgeordnete, die vier Hauptschulen des tibetischen Buddhismus und die Bön-Religion je zwei. Drei Parlamentsmitglieder werden von den in Europa und den USA lebenden Tibetern gewählt, drei weitere bestimmt der Dalai Lama. Die Versammlung tritt zweimal jährlich zusammen, in den Zwischenzeiten erledigt ein ständiges Komitee von zwölf Abgeordneten die Tagesgeschäfte.

Der Kashag, das Kabinett, stellt die höchste exekutive Autorität dar. Wurden die Mitglieder des Kashag – maximal acht inklusive des Kalon Tripa, des Premierministers, gegenwärtig vier – zunächst vom Dalai Lama eingesetzt, so werden sie seit 1990 vom Parlament gewählt. 2001 wurde auf Initiative des Dalai Lama beschlossen, auch den Kalon Tripa direkt vom Volk wählen zu lassen. Der erste gewählte Kalon Tripa ist Prof. Samdhong Rinpoche, ein inkarnierter Lama aus Osttibet. Dem Kashag unterstehen acht Ressorts der Regierung: Religion und Kultur, Heimat, Finanzen, Bildung, Sicherheit, Information und internationale Beziehungen sowie Gesundheit.

Als dritter Flügel der CTA kam 1992 die »Höchste Rechtskommission« hinzu, deren Führungspersonen direkt vom Dalai Lama nominiert werden. Der Kundun setzt auch das Oberhaupt der Kommission ein, die die Arbeit der Regierung überprüft. Zur Koordinierung aller Kontakte mit der indischen Regierung und ausländischen Hilfsorganisationen wurde ein tibetisches Büro in Delhi eingerichtet, später auch Außenstellen in anderen Städten. Heute unterhält die CTA Büros in Canberra, Paris, Genf, Kathmandu, London, Moskau, Delhi, New York, Pretoria, Taipeh und Tokio.

Innerhalb dieser Struktur der Exilregierung stellt der Dalai Lama natürlich nach wie vor die oberste, unangefochtene Autorität dar. Dies zeigt sich allein dadurch, dass alle Reformen und Demokratisierungsprozesse nicht vom Volk oder Parlament, sondern direkt von ihm veranlasst wurden. Kein Organ der CTA würde es wagen, sich den Wünschen des Kundun offen zu widersetzen, selbst wenn er formal die Macht dem Parlament übertragen hat. Auch ist die Mehrzahl der Exiltibeter an demokratischen Reformen wenig interessiert. In dieser »Demokratie von oben« gibt es keine parlamentarische Opposition und auch die einzige Partei, die 1994 gegründete National-demokratische Partei Tibets, ist gleich anderen Organisationen außerhalb der Regierung, wie der Verband tibetischer Frauen oder das Tibetische Zentrum für

Für mich gibt es keinen Widerspruch zwischen Politik und Religion. Denn was ist die Religion? Für mich ist jede Handlung religiös, die einer redlichen Einstellung entspringt. Umgekehrt verrichten Menschen, die gemeinsam in einem Tempel oder in einer Kirche beten, keine religiöse Handlung, wenn ihre Motive nicht rechtschaffen sind.

Der Dalai Lama zu Religion und Politik

Menschenrechte und Demokratie, dem Kurs des Dalai Lama verpflichtet.

Von wesentlicher Bedeutung bei der Entscheidungsfindung bezüglich wichtiger politischer Fragen ist nach wie vor – wie schon im alten Tibet – das Staatsorakel Nechung, dessen Kloster in Dharamsala neu entstand. Bis heute wird das Orakel regelmäßig vom Dalai Lama und der Regierung konsultiert und besitzt einen nicht zu unterschätzenden Einfluss auf die Entscheidungen der CTA. »In gewisser Hinsicht fungieren die Götter als mein Oberhaus, der Ministerrat hingegen als mein Unterhaus«, kommentierte der Dalai Lama verschmitzt diese weltweit wohl einmalige Mischung von archaischem Orakelritual, »Gottkönigtum« und parlamentarischer Demokratie.

Auch die tibetische Geistlichkeit musste umdenken. Die Feudalrechte und Reichtümer der Klöster waren verloren, der Aufbau der Exilklöster abhängig von Spenden und eigenen wirtschaftlichen Aktivitäten. Auch die Vormachtstellung des Gelug-Ordens bestand nicht mehr. Der Dalai Lama bemühte sich um die Annäherung der vier großen Schulrichtungen, nahm Belehrungen von hochrangigen Lamas aller Orden und erkannte die Bön-Religion offiziell als fünfte Schule an. Für konservative Regierungsbeamte, Adelige und Vertreter der Geistlichkeit waren solche Neuerungen ungewöhnlich und oft unbequem. Es kam zu Widerstand, Gezänk und Intrigen und auch, wie im alten Tibet, zu Korruption, Vetternwirtschaft und Ämtermissbrauch, die bis heute immer wieder Sand in das Räderwerk der tibetischen Demokratie streuen.

Eine freiwillige »Freiheitssteuer« von zwei Rupien pro Person und Monat sowie eine freiwillige Einkommensteuer von zwei Prozent bei allen Exiltibetern, die über ein festes Einkommen verfügten, sollten helfen, die drängenden finanziellen Probleme der Regierung zu lindern. Die Teile des Staatsschatzes, die der Dalai Lama bei seiner ersten Flucht aus Lhasa im Jahr 1950 beim Maharaja in Sikkim in Sicherheit gebracht hatte, waren die Grundlage der Exilfinanzen. Doch die in Geldgeschäften unerfahrenen Tibeter erlitten große Verluste: Der Schatz wurde auf dem freien Markt für etwa acht Millionen Dollar verkauft, die dann zu einem großen Teil in Spekulationen verloren gingen. Nur etwa ein Fünftel des Erlöses blieb erhalten.

Die tibetische Kultur im Exil

Neben den Organen der Exilregierung begründete der Dalai Lama Institutionen, die die Erhaltung der tibetischen Sprache, Kunst und Kultur, Lebensart und des tibetischen Buddhismus zum Ziel haben. 1959 entstand das »Tibetische Institut für die darstellenden Künste«, später folgten das »Zentrale Institut für höhere Tibetische Studien« in Varanasi, das als Zentrum für Tibetologie heute den Rang einer Universität innehat, sowie die »Bibliothek Tibetischer Werke und Archiv«. Das 1965 gegründete »Tibet House« in Delhi mit seiner Bibliothek und seinem Museum soll die Kultur Tibets durch Ausstellungen und Veranstaltungen weltweit fördern. Das »Norbulinka Institut« widmet sich der Erhaltung tibetischen Kunsthandwerks und das »Institut für Tibetische Medizin und Astrologie« bildet tibetische Ärzte aus und stellt nach altüberlieferten Rezepturen Medikamente her.

Von größter Bedeutung für die Kontinuität tibetischer Kultur im Exil sind jedoch die Klöster, die im alten Tibet die einzigen Zentren von Bildung und Kunst waren. In Tibet selbst waren die Klöster und Tempel unter dem chinesischen Terror in Schutt und Asche gesunken, die Lamas entweder geflohen oder ermordet worden, die Ausübung der Religion für viele Jahre verboten. Im Exil errichteten die verschiedenen Schulrichtungen neue Klöster. 1970 wurden die »Drei Sitze« Drepung, Sera und Ganden, die Hauptklöster der Gelug-Schule, im südindischen Karnataka neu begründet und von etwa 1300 Mönchen bezogen. Auch die anderen Orden bauten ihre Stammklöster in der Nähe tibetischer Siedlungen in Südindien. In Nepal entstanden ebenfalls zahlreiche tibetische Klöster. Der in Indien so gut wie ganz verschwundene

Buddhismus kehrte durch die tibetischen Flüchtlinge in das Land zurück, in dem Buddha gelebt und gelehrt hatte. Mittlerweile bestehen etwa zweihundert tibetische Exilklöster mit über 20 000 Mönchen und Nonnen. In manchen dieser Klöster wurde die traditionelle Mönchsausbildung ergänzt durch moderne weltliche Fächer. Computer und Telekommunikation gehören heute zum Alltag vieler Mönche. Einige dieser Klöster legen durch ihre prunkvolle Ausstattung aber auch Zeugnis ab vom neuen Wohlstand der Exiltibeter, bzw. von den reichen Spenden ausländischer Sponsoren.

Der tibetische Buddhismus im Exil

Den Exilklöstern kommt eine besondere verbindende Funktion zwischen dem alten und neuen Tibet zu. Noch heute schmuggeln Tibeter ihre Kinder außer Landes, um sie zu Mönchen erziehen zu lassen, weil die traditionelle Ausbildung im besetzten Tibet nicht mehr unverfälscht möglich ist. Andererseits wurden die Exilklöster zu Zentren der Verbreitung des Buddhismus weit über die Grenzen des tibetischen Kulturkreises hinaus. In diesen Klöstern in Indien und Nepal begegnen sich alte, hochverehrte Lamas, die ihre Erziehung noch in Tibet genossen haben, junge Flüchtlinge aus dem Schneeland, Exiltibeter der zweiten und dritten Generation, die das Heimatland ihrer Eltern und Großeltern nur mehr aus Erzählungen kennen, und Sinnsuchende und buddhistische Praktizierende aus Ost und West, die Belehrungen erhalten und manchmal selbst die Robe nehmen. Die tibetische Kultur und Religion, über Jahrhunderte gehütet in dem von der Außenwelt fast völlig isolierten, von Mythen und Geheimnissen umwucherten Schneeland, hat sich in wenigen Jahrzehnten über die ganze Welt verbreitet. In den Industrienationen hat sich der tibetische Buddhismus neben anderen buddhistischen Zweigen wie Zen oder Theravada fest eingewurzelt. Tibetische Lamas aller Schulen haben zahllose Studien- und Meditationszentren in vielen Ländern begründet und der Zulauf zu den verschiedenen buddhistischen Gemeinschaften ist enorm. Dazu hat die Popularität des Dalai Lama beträchtlich beigetragen. Zwar betont der Kundun immer wieder, er rate jedem, bei seiner angestammten Religion zu bleiben, und fördert den Dialog zwischen den verschiedenen Glaubensrichtungen, doch meinen viele westliche Menschen in der Lehre und den meditativen Übungen des Buddhismus gültigere Antworten auf existenzielle Fragen zu finden als in den Dogmen der Kirchen.

Zugleich streben viele junge Tibeter andere Werte an als die klösterlichen Ideale. Sie erhalten eine weltliche Ausbildung und wachsen mit den Annehmlichkeiten und Verlockungen der modernen, westlich orientierten Zivilisation auf. Viele von ihnen haben kaum mehr Interesse an der Religion und denken weniger an eine Rückkehr nach Tibet oder das Engagement innerhalb der Exilgemeinschaft, sondern an Möglichkeiten, sich in die gelobten Länder des Wohlstandes in Amerika oder Europa abzusetzen. Auch eine Reihe von Mönchen und sogar junge

30 Der Dalai Lama engagiert sich sehr für die Verständigung zwischen den verschiedenen Orden des tibetischen Buddhismus. Im Bild: S. H. Dalai Lama mit S. H. Drikung Chetsang Kyabgon (links), dem Oberhaupt des Drikung-Kagyü-Ordens, und S. H. Sakya Trizin (rechts), dem Patriarchen des Sakya-Ordens.

Tulkus kehren den Klöstern den Rücken, um ein weltliches Leben zu führen. Dazu kommt, dass die tibetischen Exilsiedlungen nun auch von Problemen wie Rückgang der bisherigen Verdienstquellen, Arbeitslosigkeit, Alkoholismus, Drogen und anderen negativen Zivilisationserscheinungen betroffen sind und jungen, gebildeten Tibetern kaum mehr Perspektiven bieten. In Tibet selbst ist das kaum anders. Prof. Samdhong Rinpoche, der Premierminister der tibetischen Exilregierung, sagte in einem Interview: »Die Chinesen haben die Tibeter nicht mit Folter, auch nicht mit der Kulturrevolution vom Glauben abbringen können. Aber in den letzten 15 Jahren haben sie mit dem neuen Konsumdenken viele Tibeter erreicht.«

Ob die Erhaltung der tibetischen Kultur und Religion gelingen wird, muss die Zukunft zeigen. In jedem Fall scheint sich mit dem schweren Gang der Tibeter ins Exil eine Prophezeiung aus dem 8. Jahrhundert erfüllt zu haben, die dem großen Magier und Tantriker Padmasambhava zugeschrieben wird: »Wenn der Eisenvogel fliegt und die Pferde auf Rädern rollen, dann wird der Mann aus dem Schneeland seine Heimat verlassen müssen wie die Ameisen, und der Dharma (die buddhistische Lehre) wird die Länder des rotwangigen Mannes erreichen.«

Der Weg zum Weltruhm

Im Herbst 1973 trat der Dalai Lama seine erste Reise
außerhalb Asiens an. In sechs Wochen besuchte er elf
europäische Länder. Seine erste Station war Rom, wo er
mit Papst Paul VI. zusammentraf. Es folgten die Schweiz,
Holland, Belgien, Norwegen, Schweden, Dänemark, England, Irland, Österreich und Deutschland. Noch waren
diese Reisen nicht begleitet von Medienspektakeln und
Publikumsandrang. In München beispielsweise, wo bei
seinen letzten Besuchen selbst die Olympiahalle mit
zehntausend Plätzen zu klein war, um alle Interessierten
zu fassen, genügte 1973 für seine öffentliche Audienz
noch der winzige Kalmückentempel im Vorort Ludwigs-
feld. Noch waren hochrangige Politiker zurückhaltend,
wurde jede Bewegung des Dalai Lama im Ausland doch
von heftigen Protesten der chinesischen Regierung begleitet. 1973 wurde er lediglich in Irland von Staatspräsi-
dent Childers, Ministerpräsident Cosgrave und Außenminister Aiken empfangen und zuvor hatten Frankreich
und die USA ihm auf chinesischen Druck hin sogar die
Einreise verweigert. Die USA konnte der Kundun erst
1979 das erste Mal besuchen.

Auch in den folgenden Jahren, als der Dalai Lama zu
einem emsigen Weltreisenden in Sachen Tibet wurde,
hatten seine Besuche auf allen Kontinenten meist kulturellen und religiösen Charakter. Er folgte Einladungen
buddhistischer Gemeinschaften, traf mit Repräsentanten
anderer Religionen zusammen, mit Wissenschaftlern,
Künstlern oder Vertretern von Indianern und anderen
Urvölkern, sprach auf Symposien und Kongressen, nahm
an Friedensgebeten teil oder gab Belehrungen über den
Buddhismus. Wenn es zu Begegnungen mit Regierungsmitgliedern kam, wurden diese nicht selten als »privat«
deklariert, um chinesischer Entrüstung den Wind aus den

31 Der Dalai Lama 1986 beim Gebetstag des Weltfriedens in Assisi.

Segeln zu nehmen, etwa 1990, als der Dalai Lama als erster ausländischer Gast nach der deutschen Wiedervereinigung von Bundespräsident Richard von Weizsäcker empfangen wurde. Der Dalai Lama wusste, dass nur kontinuierliche internationale Aufmerksamkeit eine Chance für die Lösung der Tibetfrage und die Erhaltung der tibetischen Kultur im Exil bot. Das Problem Tibet drohte wie so viele andere Schicksale unterdrückter oder vertriebener Völker der Vergessenheit anheim zu fallen. Durch seine Reisen versuchte der Kundun dem entgegenzuwirken. Knapp 50 Länder hat er seit seiner Flucht aus Tibet besucht, viele davon mehrfach. In Deutschland, der Schweiz und den USA war er am häufigsten präsent, in Deutschland seit Anfang der achtziger Jahre fast jährlich.

Ein unermüdlicher Reisender

Die Bemühungen des Dalai Lama blieben nicht fruchtlos, auch wenn sie die konkrete Lösung der Tibetfrage kaum voranbrachten. Weltweit entstanden Tibet-Hilfsgruppen, die neben finanzieller Unterstützung für die Tibeter im Exil zunehmend auch politische Lobbyarbeit leisteten. In verschiedenen Parlamenten schlossen sich parteiübergreifend tibetophile Politiker zusammen, um die Sache des Schneelandes zu fördern, etwa in Resolutionen des Deutschen Bundestages und des Europäischen Parlaments. Prominente aus Wissenschaft, Religion und Kultur begegneten dem Dalai Lama und setzten sich öffentlich für die Sache Tibets ein. Allen chinesischen Protesten zum Trotz empfingen später auch hochrangige Politiker das Oberhaupt der Tibeter. Im Lauf der Jahre traf der Dalai Lama Staatspräsidenten wie George Bush sen. und jun., Bill Clinton, Vaclav Havel, Jacques Chirac, François Mitterrand, Nelson Mandela und andere. Queen Elizabeth hat den Dalai Lama empfangen, Prince Charles, König Harald von Norwegen, König Bhumiphol von Thailand, ebenso wie Vizepräsidenten, Premierminister, Minister, Staatssekretäre, Abgeordnete, Bürgermeister und andere.

Bis heute sind die Reisen des Kundun Anlass für heftige Proteste und Kritik der chinesischen Regierung. Schon als er 1959 nach Sri Lanka eingeladen war, um zur Zahnreliquie des Buddha zu pilgern, fanden die Chinesen Druckmittel, um diese Reise zu verhindern. Solch diplomatisches Hin und Her wurde zu einem stereotypen Ritual, das bis zur Gegenwart alle Auslandsreisen des Dalai Lama mit schrillen Missklängen untermalt. Im Tonfall mehr oder weniger polemisch, bringt die chinesische Regierung stets die gleichen Argumente vor, wie bei-

32 Der Dalai Lama mit dem Physiker und Philosophen Carl Friedrich von Weizsäcker.

33 Der Dalai Lama 1986 bei Papst Johannes Paul II in Rom.

spielsweise anlässlich des Mexikobesuchs Seiner Heiligkeit im Oktober 2004: »Er ist nicht einfach eine gewöhnliche religiöse Persönlichkeit, er ist eine Person im Exil, die separatistische Aktivitäten ausführt, um die Nation zu spalten. Wir hoffen, dass die Länder der Welt Chinas Souveränität und territoriale Integrität respektieren und kein öffentliches Forum für seine Aktivitäten zur Verfügung stellen.« Wird China im Gegenzug auf die desolate Menschenrechtslage in Tibet hingewiesen, verbittet es sich empört solche »Einmischung in die inneren Angelegenheiten« der Volksrepublik. Diese starre Haltung bringt zwar zusätzliche Medienaufmerksamkeit, veranlasst andererseits aber viele Politiker, den Dalai Lama aus Rücksicht auf die lukrativen Beziehungen zum Wirtschaftswunderland China nicht zu treffen. So hat beispielsweise noch kein deutscher Bundeskanzler den Dalai Lama empfangen.

Die Beziehung zu China

Ungeachtet der scharfen Tonart, die China bis heute der »Dalai-Clique« gegenüber pflegt, gab es zahlreiche offizielle und inoffizielle Kontakte zwischen Vertretern des Kundun und chinesischen Regierungskreisen. War während der Kulturrevolution jegliche Verbindung zum Dach der Welt abgeschnitten, so brachte das politische Tauwetter, das nach dem Tod Mao Tse-tungs im September 1976 und der Entmachtung der »Viererbande« einsetzte, Chancen für eine chinesisch-tibetische Verständigung. China öffnete sich unter Deng Xiao-ping einem wirtschaftspolitisch pragmatischen Kurs und einer gemäßigteren politischen Linie. Auch in Tibet war dies zu spüren. 1978 wurde der Panchen Lama rehabilitiert und 34 ehemalige tibetische Regierungsmitglieder entlassen, die seit 1959 im Gefängnis gesessen hatten. Ende 1978 gab es erste informelle Gespräche chinesischer Regierungsvertreter mit Gyalo Thöndup, dem in Hongkong lebenden Bruder des Dalai Lama, der wenig später von Deng Xiao-ping nach Peking eingeladen wurde. Deng bot den Tibetern Verhandlungen an, allerdings unter der Vorgabe: »Wenn nicht akzeptiert wird, dass Tibet ein integraler Teil Chinas ist, gibt es nichts anderes, worüber man sprechen könnte«, eine Haltung, die sich bis heute nicht verändert hat. Die Exiltibeter wurden aufgefordert, sich selbst ein Bild von der Lage in Tibet zu machen. Peking wiegte sich in der Sicherheit, die ehemaligen Flüchtlinge würden beeindruckt sein vom »sozialistischen Paradies«, das seit

Die Menschenrechtssituation in Tibet hat sich seit dem von allen Fraktionen gemeinsam gefassten Beschluss des Deutschen Bundestages vom 15. Oktober 1987 nicht verbessert, sondern weiter verschlechtert. Beginnend mit den unmenschlichen Militäraktionen seit dem Einmarsch Chinas im Jahr 1950, dauert die gewaltsame Unterdrückung Tibets und seines Strebens nach politischer, ethnischer, kultureller und religiöser Selbstbestimmung bis heute an. Die fortgesetzte Repressionspolitik Chinas in Tibet hat schwere Menschenrechtsverletzungen, Umweltzerstörungen sowie massive wirtschaftliche, soziale, rechtliche und politische Benachteiligungen der tibetischen Bevölkerung und letztlich die Sinisierung Tibets zur Folge. Dazu zählt insbesondere die Vorenthaltung gleicher Bildungschancen für die tibetische Bevölkerung.

Aus der Resolution des Deutschen Bundestages
vom 20. Juni 1996

1959 auf dem Dach der Welt entstanden war, und auch
von der unverbrüchlichen Treue der »befreiten« Tibeter
zum chinesischen Mutterland und zur kommunistischen
Partei. Es gab auf chinesischer Seite sogar die Besorgnis,
die tibetische Bevölkerung würde aus Hass auf die »alte
Gesellschaft« die Delegationen des Dalai Lama beleidi-
gen und mit Steinen bewerfen – ein Beleg dafür, wie
eklatant falsch die Chinesen die Situation in Tibet und
den Erfolg ihrer Reformen und Umerziehungsmaßnahmen einschätzten.

Im August 1979 sandte der Dalai Lama eine erste fünfköpfige Untersuchungskommission nach Tibet, der auch
sein Bruder Lobsang Samten angehörte. Mit strikten Vor-
schriften, Verboten und Drohungen hatten die chinesischen Machthaber die Bevölkerung auf den Besuch der
Exiltibeter vorzubereiten versucht. Doch schon auf den
ersten Stationen der fast dreimonatigen Reise durch Ost-
und Zentraltibet schlug den Gesandten des Kundun
tumultartige Begeisterung entgegen. Wo immer die Delegation anreiste, brach die öffentliche Ordnung zusammen,
Sicherheitskräfte wurden überrannt, Absperrungen über-
wunden, das Versammlungsverbot missachtet. Auch in
Lhasa, dessen Bevölkerung besonders sorgfältig indoktri-
niert worden war, brachen sich die lange unterdrückten
Gefühle der Menschen hemmungslos Bahn. »Lang lebe

Alles war voller Menschen, die uns ihre Schals, Äpfel und
Blumen zuwarfen. Sämtliche Autofenster gingen zu Bruch.
Sie kletterten auf die Wagendächer, drängten zu uns herein,
und überall streckten sich uns Arme entgegen, die uns be-
rühren wollten. Die Chinesen schrien: ›Nicht aussteigen! Sie
bringen euch um!‹ Und die Tibeter weinten und riefen: ›Wie
geht es dem Dalai Lama? Wie geht es Seiner Heiligkeit?‹ Wir
schrien zurück: ›Es geht ihm gut. Wie geht es euch?‹ Es war
schlimm zu sehen, wie arm sie waren, und auch wir fingen
alle an zu weinen.
Aus einem Bericht von Lobsang Samten über den Besuch
der ersten exiltibetischen Delegation in Tibet 1979

der Dalai Lama«, skandierte die Menge, dazu Rufe nach der Unabhängigkeit Tibets. Ein hochrangiger chinesischer Beamter kommentierte verbittert: »Die Bemühungen der letzten zwanzig Jahre sind an einem Tag zunichte gemacht worden.« Zwanzig Jahre Unterdrückung, Gehirnwäsche, Terror und Demütigung hatten nicht vermocht, die tiefe Verbundenheit der Tibeter zu ihrem Yeshe Norbu zu beeinträchtigen. Die chinesischen Machthaber waren schockiert, doch ebenso erschüttert zeigten sich die Mitglieder der exiltibetischen Delegation angesichts des Maßes der Zerstörungen in Tibet und der schlechten Lebensverhältnisse der Menschen. Die Tibeter, die nachts heimlich zu ihnen kamen, berichteten von den unaussprechlichen Leiden, die seit 1959 über praktisch jede tibetische Familie hereingebrochen waren, von Gefängnis, Hunger, Folter, Hinrichtungen, Arbeitslager.

Auch die zweite Delegation, die im Mai 1980 nach Tibet reiste, wurde mit frenetischem Jubel empfangen. Obwohl es der Bevölkerung streng verboten war, mit den Besuchern Kontakt aufzunehmen, kam es allerorten zu Sympathiekundgebungen für den Dalai Lama und zu offenem Unmut gegen die chinesischen Besatzer. Da sich diesmal auch Mitglieder der Delegation zu Anklagen gegen die Chinesen hinreißen ließen, wurde die Gruppe vorzeitig des Landes verwiesen. Zu diesem Zeitpunkt war die dritte Abordnung unter Leitung von Jetsun Pema, einer Schwester des Dalai Lama, bereits in Tibet, um vor allem das Schulsystem unter die Lupe zu nehmen. Der Bericht von Jetsun Pema über das Bildungswesen in

Trotz der abscheulichen Verbrechen, die die Chinesen in unserem Land begangen haben, hege ich in meinem Herzen nicht den geringsten Hass gegen das chinesische Volk. Ich bin der Ansicht, dass es ein Fluch und eine Gefahr unserer Zeit ist, ganzen Völkern die Schuld für Verbrechen zu geben, die von Einzelnen begangen worden sind.

Der Dalai Lama über China

Tibet war niederschmetternd, allen chinesischen Statistiken und Propagandainszenierungen zum Trotz.

Die Hoffnungen, die durch die Kontakte der neuen chinesischen Regierung zum Dalai Lama und seinen Bevollmächtigten geweckt wurden, waren bald wieder zerstreut. Zwar kam es auch später immer wieder zu Initiativen, den Dialog fortzusetzen, doch sind die Standpunkte beider Seiten so konträr und festgefahren, dass sich bis zum heutigen Tag kein greifbarer Fortschritt erkennen lässt. Es herrscht nicht einmal Einigkeit über den Begriff »Tibet«. Meinen die Chinesen damit die 1965 eingerichtete »Autonome Region Tibet«, die nur West- und Zentraltibet und den westlichen Teil von Kham mit etwa 2,3 Millionen Tibetern umfasst, so spricht der Dalai Lama vom »ganzen Tibet« einschließlich Amdo und Kham mit insgesamt etwa 6 Millionen Tibetern. Allein diese unterschiedlichen Auffassungen genügen, um den tibetisch-chinesischen Dialog ins Leere laufen zu lassen.

Doch gingen von chinesischer Seite noch weitere Initiativen aus. Im März 1981 antwortete die chinesische Regierung auf einen Brief des Kundun an Deng Xiao-ping mit einem »Fünf-Punkte-Plan«, in dem der Dalai Lama aufgefordert wurde, mit seiner Gefolgschaft nach China zurückzukehren, allerdings mit Einschränkungen, die in Punkt 4 formuliert sind: »Der Dalai Lama wird den gleichen politischen Status und die gleichen Lebensbedingungen genießen, wie er sie vor 1959 hatte. Es wird aber empfohlen, dass er nicht in Tibet lebt oder dort lokale Niederlassungen unterhält. Natürlich kann er Tibet ab und zu besuchen.« Der Dalai Lama begegnete solchen Offerten mit Misstrauen: »Wer einmal von einer Schlange gebissen wurde, ist selbst bei einem Seil vorsichtig.« In der Tat hätte seine Rückkehr zu diesen Bedingungen die Legalisierung der chinesischen Herrschaft in Tibet bedeutet.

Westliche Reisende in Tibet

Nachdem mittelalterliche Asienreisende wie Wilhelm von Rubruk, Marco Polo und Odorico von Pordenone über Tibet berichtet hatten, ohne das Schneeland je betreten zu haben, dauerte es noch bis 1624, bis der portugiesische Jesuit Antonio de Andrade als erster Europäer auf tibetischen Boden gelangte und in Westtibet eine Missionsstation errichtete. 1627 kamen Jesuiten nach Shigatse in Zentraltibet und 1661 drangen die Jesuiten Johannes Grueber und Albert d'Orville als Erste nach Lhasa vor. Doch die christliche Mission in Tibet blieb erfolglos; 1745 wurde die letzte Missionsstation geschlossen. Im 18. Jahrhundert erwachte das kommerzielle Interesse der Engländer an Tibet. George Bogle reiste 1774 bis 1775 im Auftrag der East India Company nach Zentraltibet, weitere Handelsmissionen folgten. Sie waren ebenso erfolglos wie die Versuche einiger Abenteurer und Missionare, die verbotene Stadt Lhasa zu erreichen. Erst 1811 gelangte Thomas Manning als erster Englän-

der nach Lhasa. Im 19. Jahrhundert waren es vor allem Forschungsreisende, die nach Tibet kamen – etwa die Gebrüder Schlagintweit aus München, der Russe Nicholas Prjevalski oder Sven Hedin, der wohl berühmteste Erforscher Zentralasiens. Doch selbst ihm gelang es nicht, bis Lhasa vorzustoßen. Die Engländer indes sandten als Pilger verkleidete indische Pandits auf das Dach der Welt, um Tibet heimlich zu vermessen. 1904 erzwang die von Francis Younghusband geführte englische Militärkampagne ein Handelsabkommen Tibets mit Britisch-Indien. Das Schneeland blieb aber weiterhin verbotenes Territorium, in das nur eine Handvoll Forscher und Abenteurer vordrangen, meist heimlich und in Verkleidung. Alexandra David-Néel hielt sich zwischen 1914 und 1924 ununterbrochen in Tibet auf und drang tief in die tibetische Sprache, Kultur und Religion ein. Sie war die erste westliche Frau, die Lhasa erreichte. 1938 führte Prof. Ernst Schäfer im Geheimauftrag des Reichssicherheitshauptamtes eine deutsche Expedition nach Tibet. Der Deutsche Anagarika Govinda, der Tibet zusammen mit seiner Frau Li Gotami dreimal bereiste, und der italienische Tibetologe Giuseppe Tucci, der bis 1949 mit Genehmigung der tibetischen Regierung achtmal das Schneeland besuchte, gehörten neben Heinrich Harrer, Peter Aufschnaiter und einigen Engländern, die der tibetischen Regierung technologische Hilfe leisteten, zu den letzten Europäern, die das alte Tibet vor seiner Zerstörung erlebten. Nach der Flucht des Dalai Lama schlossen sich die Grenzen Tibets und öffneten sich erst wieder Mitte der achtziger Jahre für Devisen bringende Touristen. Heute ist das einst verbotene Schneeland ein exotisches Urlaubsziel, das sich pauschal aus dem Reisekatalog buchen lässt.

Tibet nach der Kulturrevolution

Der Kurs gemäßigter Liberalisierung, den Deng Xiaoping einschlug, zeigte im Lauf der Jahre auch in Tibet Wirkung. Nachdem der Generalsekretär der Kommunistischen Partei, Hu Yao-bang, 1980 eine Untersuchungsreise nach Tibet unternommen, sich erschüttert über die dortigen Zustände gezeigt und eine Reihe durchgreifender Reformen vorgeschlagen hatte, wurden die Volksreligiosität, manche traditionelle Bräuche und privater Handel wieder erlaubt. Gewisse Reisefreiheiten für die Tibeter wurden eingeführt, Zwangskollektivierungen und die Zwangssesshaftmachung der Nomaden zurückgenommen, chinesische Kader aus Tibet abgezogen, staatliche Zuschüsse für den Wiederaufbau von etwa 200 Klöstern und Tempeln gewährt, Letzteres auch im Hinblick auf die internationalen Touristen, die ab 1985 Tibet besuchen durften. Doch bereits 1984 wurde auf dem zweiten Tibet-Arbeitstreffen der Kommunistischen Partei in Peking beschlossen, das wirtschaftliche Wachstum in Tibet zu fördern, indem man eine große Anzahl chinesischer Kader, Unternehmer und »Experten« ins Schneeland holte. Diese

»wirtschaftliche Entwicklung Tibets« durch Verstärkung der chinesischen Zuwanderung ging einher mit der rücksichtslosen Ausbeutung der natürlichen Ressourcen des Schneelandes.

Auch der Tourismus sollte die Wirtschaft Tibets ankurbeln. Das einstmals verbotene und auch nach dem Einmarsch der Chinesen von der Welt isolierte Schneeland wurde über Nacht zu einem exotischen Fernreiseziel. Den Devisenbringern aus dem Westen musste natürlich die »typisch tibetische Kultur« vorgeführt werden. Oberflächlichen Pauschaltouristen bietet sich Tibet in der Tat als eine Art buddhistisches Disneyland mit fröhlicher Bevölkerung und pittoresker Folklore dar. Hinter den Kulissen aber setzt sich die Unterdrückung und Zerstörung der tibetischen Kultur und Religion bis zum heutigen Tag fort.

Die Sinisierung des Schneelandes schritt rasch voran. Gelockt durch Zuschüsse, Steuererleichterungen und andere Vergünstigungen siedelten sich Millionen von Han-Chinesen in Tibet an und noch ist kein Ende dieses Zustroms abzusehen. 2001 wurde mit dem Bau einer Eisenbahnlinie begonnen, um Lhasa an die bislang in Golmud (Amdo) endende Strecke nach Peking anzuschließen. Längst sind die Tibeter in ihrem Land zur Minderheit geworden, Lhasa, die »Stadt der Götter«, verwandelte sich in ein chinesisches Provinznest mit Geschäftszentren, Bars, Bordellen, Karaokeclubs, Kasernen, Gefängnissen und Plattenbauten. Doch der wirtschaftliche Aufschwung geht an den Tibetern vorbei. Alle Sektoren der tibetischen Wirtschaft einschließlich des Tourismus, werden von Han-Chinesen und einigen linientreuen Tibetern kontrolliert. Nicht nur Jobs, Unternehmen, Läden und Dienstleistungsbetriebe sind größtenteils in Händen der eingewanderten Chinesen, auch die Bildungschancen. Noch immer beträgt die Analphabetenquote der Tibeter in Tibet etwa 70 Prozent.

Der Fünf-Punkte-Friedensplan

1987 versuchte der Dalai Lama die ins Stocken geratenen Verhandlungen mit China wieder anzukurbeln. Am 21. September stellte er vor dem Menschenrechtsausschuss der Vereinigten Staaten einen Fünf-Punkte-Friedensplan für Tibet vor, der seine Verhandlungsposition gegenüber China klar definierte:

1. Umwandlung des gesamten Gebietes von Tibet in eine Zone von Ashima (Frieden und Gewaltlosigkeit).
2. Beendigung der Politik der Umsiedlung von Chinesen, welche die Existenz der Tibeter als eigenständiges Volk bedroht.
3. Respektierung der fundamentalen Menschenrechte und der demokratischen Freiheiten des tibetischen Volkes.
4. Wiederherstellung und Schutz der natürlichen Umwelt Tibets und Aufgabe der chinesischen Ausbeutung Tibets zum Zweck der Herstellung von Kernwaffen und der Lagerung von radioaktivem Abfall.
5. Beginn von ernsthaften Verhandlungen über den künftigen Status Tibets und die Beziehungen zwischen den Völkern Tibets und Chinas.

Tibetfreunde in aller Welt schöpften Hoffnung für eine friedliche Verhandlungslösung, obwohl die Chinesen nicht auf die Initiative des Dalai Lama eingingen, in Tibet jedoch kam es zu einer ganz und gar nicht friedlichen Eskalation.

Ausschreitungen in Lhasa

Ende September, wenige Tage nachdem der Dalai Lama sein Fünf-Punkte-Friedensprogramm vorgestellt hatte – was dank der nach Tibet ausgestrahlten Radioprogramme von »Voice of America« und »BBC« augenblicklich in Lhasa bekannt wurde –, zogen Mönche aus dem Kloster Drepung über den Barkhor, den Pilgerweg um den Jokhang-Tempel, und forderten lautstark die Unabhängigkeit Tibets. Sie wurden verhaftet. Vier Tage später marschierten Mönche aus Sera zur Polizeiwache, um die

Freilassung der Gefangenen zu fordern. Tausende Tibeter folgten ihnen. Hochrufe auf den Dalai Lama und Rufe nach Freiheit für Tibet begleiteten die folgende Straßenschlacht, bei der die Polizeiwache in Flammen aufging und chinesische Soldaten in die Menge schossen. Mindestens 19 Tibeter starben, Hunderte wurden verletzt und viele verhaftet, gefoltert und zu hohen Strafen verurteilt. Im Jahr darauf, nachdem der Panchen Lama vergeblich versucht hatte, mäßigend auf die Mönche in Lhasa einzuwirken, und ihnen sogar von der chinesischen Regierung bewilligte Geldmittel zugesagt hatte, starben etwa 50 Tibeter bei Ausschreitungen während des Mönlam-Gebetsfestes.

Im März 1989 schließlich kam es zum schlimmsten Massaker in Lhasa seit dem Volksaufstand genau dreißig Jahre zuvor. Bis zu 300 Tibeter sollen im Kugelhagel der chinesischen Milizen umgekommen sein und wieder verschwanden zahllose Menschen in Gefängnissen und Ar-

34 Steine
werfender
Mönch bei
einer Straßen-
schlacht im
Herbst 1987
in Lhasa.

beitslagern, darunter auch viele Minderjährige. Die Chinesen verwiesen alle Ausländer des Landes und verhängten das Kriegsrecht. Im gleichen Jahr wurde in Peking die Demokratiebewegung in dem »Massaker auf dem Tiananmenplatz« blutig niedergeschlagen, wobei etwa 3000 Menschen ihr Leben verloren.

Verzicht auf die Unabhängigkeit

Angesichts der Gewaltexzesse in Lhasa machte der Dalai Lama den Chinesen weit reichende Zugeständnisse. In der »Straßburger Erklärung« vom 15. Juli 1988 – einer Rede an die Mitglieder des Europäischen Parlaments – konkretisierte er den fünften Punkt seines Friedensplanes vom Vorjahr. Er forderte die Autonomie Tibets, gestand der chinesischen Regierung aber zu, für die tibetische Außenpolitik zuständig zu sein und eine begrenzte Anzahl militärischer Einrichtungen für die Verteidigung Tibets zu unterhalten.

Die Chinesen, die den »Dalai Lama und seine Clique, in Zusammenarbeit mit feindlichen Kräften in westlichen Ländern« für die Unruhen in Tibet verantwortlich machten, lehnten die Vorschläge als nicht ausreichend ab. Vielen Exiltibetern hingegen gingen sie zu weit. Sie beklagten die Preisgabe der Forderung nach der Unabhängigkeit Tibets und lehnten die Initiative des Dalai Lama so vehement ab, dass die Exilregierung diese Vorschläge 1991 für ungültig erklärte. Doch auch in späteren Jahren kam der Dalai Lama immer wieder darauf zurück – etwa 1997, als er anlässlich eines Besuches in Taiwan sagte: »Ich fordere nicht die Unabhängigkeit Tibets.« Mehrfach schlug er den Chinesen das Modell »Ein Land – zwei Systeme« vor, wie China dies in Hongkong und Macau praktiziert und für Taiwan anstrebt, ein Modell, das Autonomie garantiert, auf Unabhängigkeit aber verzichtet. Die chinesische Regierung wies solche Vorschläge eines »Mittleren Weges« für Tibet strikt zurück, mit der Begründung, Tibet sei längst fester Bestandteil Chinas und bedürfe keiner Sonderbehandlung.

Zunächst jedoch, im Jahr 1988, willigte China nach einem entsprechenden Appell der USA ein, erneut mit den Exiltibetern in Verhandlungen zu treten. Der Dalai Lama schlug Genf als Tagungsort vor, doch die Chinesen machten einen Rückzieher. Im Gegenzug verzichtete der Dalai Lama auf einen Besuch in Peking zu den Trauerfeierlichkeiten für den 10. Panchen Lama, der im Januar 1989 unter ungeklärten Umständen gestorben war. Die Chinesen hatten den Dalai Lama nach Peking eingeladen, ihm jedoch einen Besuch in Tibet verweigert. Der Kundun lehnte ab.

Der Friedensnobelpreis

Trotz der blutigen Unruhen in Lhasa und den zunehmenden Forderungen unter den Exiltibetern, eine radikalere Gangart gegen China einzuschlagen, bekannte sich der Dalai Lama auch in der »Straßburger Erklärung« zu seiner Strategie eines konsequenten Pazifismus.

Dieses Beharren auf Frieden und Gewaltlosigkeit brachte dem Dalai Lama eine hohe internationale Ehrung ein: den Friedensnobelpreis, den er am 5. Oktober 1989 in Oslo entgegennahm, als über Tibet noch immer das Kriegsrecht verhängt war. »Das Komitee möchte dabei die Tatsache hervorheben, dass sich der Dalai Lama in seinem

Ich spreche für das ganze tibetische Volk, wenn ich Ihnen danke und Sie bitte, Tibet in dieser schwierigen Phase seiner Geschichte nicht zu vergessen. Auch wir hoffen, zu einer friedlicheren, menschlicheren und schöneren Welt beizutragen. Ein künftiges freies Tibet wird Not leidenden Menschen in der ganzen Welt helfen, die Umwelt schützen und den Frieden fördern. Die Gabe von uns Tibetern, spirituelle Qualitäten mit einer realistisch-praktischen Einstellung zu verbinden, gibt uns die Möglichkeit, dazu einen besonderen Beitrag zu leisten, so bescheiden er auch sein mag. Darauf hoffe ich, darum bete ich.

Aus der Rede des Dalai Lama anlässlich der Verleihung des Friedensnobelpreises am 5. Oktober 1989 in Oslo

35 Der Dalai Lama nimmt 1989 in Oslo den Friedens- nobelpreis entgegen.

Kampf zur Befreiung Tibets konsequent der Anwendung von Gewalt widersetzt und stattdessen Friedenslösungen vorgeschlagen hat, die auf Toleranz und gegenseitigem Respekt basieren, um das historische und kulturelle Erbe seines Volkes zu bewahren. Der Dalai Lama basiert seine Friedensphilosophie auf der Ehrfurcht vor allem Leben und auf dem Gedanken einer universellen Verantwortung, die sowohl Menschen wie Natur umfasst«, hieß es in der Begründung des norwegischen Nobelkomitees. Die Chine- sen schäumten vor Wut über diese Aufwertung ihres Erz- feindes, die übrige Welt begrüßte die Entscheidung.

Harter Kurs in Tibet
Nachdem Polizei und Militär Ruhe und Ordnung in Tibet wiederhergestellt hatten, wurde am 1. Mai 1990 das Kriegsrecht aufgehoben. Doch die Epoche zaghafter Libe- ralisierung war vorbei. Während die Tibet-Lobby in den westlichen Ländern durch die Nobelpreisverleihung an den Dalai Lama einen enormen Aufschwung erfuhr, be- gannen die Chinesen in Tibet erneut einen Kurs kompro- missloser Härte durchzusetzen, der bis zur Gegenwart andauert.

Der 1991 in den USA geäußerte Vorschlag des Dalai Lama, er würde Tibet besuchen, um in der gegenwärtigen »explosiven Situation, in der Gewalt ausbrechen kann«, alles dafür zu tun, dies zu verhindern, fand in China kei- ne Beachtung mehr, ebenso wenig sein Kondolenzbrief zum Tode Deng Xiao-pings im Februar 1997, als der Kundun noch einmal unterstrich: »Ich halte an dem Glauben fest, dass unser Problem nur durch Verhandlungen gelöst werden kann, die in einer Atmosphäre von Ehrlichkeit und Offenheit abgehalten werden.« Zu dieser Zeit hatte es schon seit fünf Jahren keine offiziellen Kontakte mehr zwischen den Exiltibetern und der chinesischen Regierung gegeben. Zuletzt war Gyalo Thöndup 1992 zu erfolglosen Verhandlungen nach Peking gereist. Im gleichen Jahr war auch eine Entschließung des Europäischen Parlaments zur Lage in Tibet und die Forderung, alle politischen Gefangenen freizulassen, wirkungslos verhallt.

Stattdessen intensivierten die Chinesen die Repressionen in Tibet. Die Polizei- und Militärpräsenz wurde verstärkt und eine Reihe von Maßnahmen getroffen, um ein erneutes Aufflackern von Unruhen zu verhindern. 1993 begann die Zerstörung der historischen Altstadt Lhasas durch chinesische Stadtsanierer. Die engen verwinkelten Gassen um den Jokhang-Tempel erschwerten den Zugriff der Sicherheitskräfte auf Demonstranten und mussten weichen. Die neuen, im »tibetischen Stil« errichteten Betonhäuser waren nun auch mit Überwachungskameras ausgerüstet. Über 400 der 600 historischen Gebäude Lhasas sind seit dem chinesischen Einmarsch bis heute abgerissen worden. 1994 wurden tibetische Regierungsange-

36 Abriss der historischen Stadthäuser in der Altstadt von Lhasa Anfang der neunziger Jahre.

stellte gezwungen, ihre Kinder aus tibetischen Schulen in Indien zurückzuholen, und im Jahr darauf kam es zu einem schwer wiegenden Zwischenfall, der die Beziehung zwischen Exiltibet und China bis heute stark belastet und Tibetsympathisanten in aller Welt ein Musterbeispiel für die krassen Menschenrechtsverletzungen im Schneeland lieferte.

Die Entführung des Panchen Lama

1989 war der 10. Panchen Lama im Alter von 51 Jahren plötzlich gestorben, zwei Tage nachdem er öffentlich geäußert hatte, die chinesische Präsenz habe Tibet mehr Nachteile als Vorteile gebracht. Die chinesische Regierung gab die Erlaubnis, die Wiedergeburt der zweitwichtigsten Inkarnationslinie Tibets zu suchen. Vermutlich schwebte den Chinesen ein neuer, im Sinne Chinas erzogener Panchen Lama vor, der das Vertrauen des tibetischen Volkes genoss und sich gegen den Dalai Lama ausspielen ließ. Gesucht werden sollte er auf die – aus chinesischer Sicht – »traditionelle Art«, in der ein Mönchsteam einige Kandidaten durch die üblichen Prüfungen auswählt, der Panchen Lama dann aber unter Aufsicht der Regierung im Losverfahren aus der »Goldenen Urne« ermittelt wird, so wie es die chinesischen Kaiser Ende des 18. Jahrhunderts verfügt hatten. Widerwillig gestatteten die Chinesen, dass der Dalai Lama vom Oberhaupt des Suchkomitees, Chadrel Rinpoche, einem als chinafreundlich und loyal geltenden Abt des Klosters Tashilunpo kontaktiert wurde, war dies doch bei der Suche nach dem Panchen Lama uralte Tradition. Ende 1994 gab es eine Reihe von Kandidaten, deren Beschreibung und Bilder auch dem Dalai Lama zugeleitet wurden. Chadrel Rinpoche informierte den Kundun vertraulich darüber, dass alle Zeichen darauf hindeuteten, dass einer davon, Gendun Choekyi Nyima, die wahre Inkarnation sei. Auch der Dalai Lama führte Divinationen durch und bestätigte intern die Authentizität von Choekyi Nyima. Nun ging es noch darum, die Zustimmung der chinesischen Regierung einzuholen, auf das Verfahren der »Goldene Urne« zu verzichten, was aber abgelehnt wurde. Daraufhin verkündete der Dalai Lama am 14. Mai 1995 öffentlich, dass Gendun Choekyi Nyima der neue Panchen Lama sei. China reagierte auf diesen Gesichtsverlust mit äußerster Härte: Chadrel Rinpoche wurde wegen separatistischer Verschwörung zu sechs Jahren Gefängnis verurteilt, fünfzig weitere Mönche von Tashilunpo festgenommen, der kleine Gendun Choekyi Nyima samt seiner Familie von den chinesischen Behörden verschleppt. Bis heute ist sein Schicksal ungeklärt. Menschenrechtsorganisationen gilt er als jüngster politischer Gefangener der Welt. An seiner Stelle wurde durch die »Goldene Urne« der Sohn eines tibetischen Elternpaares, das der kommunistischen Partei angehört, als neuer Panchen Lama ermittelt, inthronisiert und in Peking auf sein Amt vorbereitet. Zugleich intensivierte Peking die Propagandaattacken gegen den Dalai Lama und legte weitere Verhandlungen mit Exiltibet erst einmal auf Eis.

Kampagnen gegen die Klöster

China warf dem Dalai Lama vor, er würde seine religiöse Stellung missbrauchen, um Einfluss auf die Klöster in Tibet auszuüben. Denn vor allem die Klöster waren Nester des Widerstandes und der Sympathie mit dem Kundun. Allen Sicherheitsmaßnahmen zum Trotz kommt es – bis zum heutigen Tag – immer wieder zu Demonstrationen oder Aktionen vor allem von Mönchen und Nonnen, die dafür zu oft absurd hohen Haftstrafen verurteilt werden. Zwar gelten seit der Wiedereröffnung einer Reihe von Klöstern in Tibet von der Regierung festgelegte Bestimmungen – beispielsweise ist die Zahl der Mönche und Nonnen streng kontingentiert und Spitzel und Spione im Mönchsgewand sollen potenzielle Unruhestifter denunzieren –, doch bewahren die Klöster nach wie vor die konservativen Werte des alten Tibet und die Verehrung des Dalai Lama. Eine 1996 begonnene, groß angelegte Umerziehungskampagne, die bis zur Gegenwart fortgesetzt wird, sollte dies ändern. Mittels einer »patriotischen Erziehung« und langwierigen Indoktrinationssitzungen sollten die Mönche und Nonnen auf die sozialistische Staatsdoktrin eingeschworen werden. Schon 1996 wurden knapp 4000 Mönche und Nonnen aus ihren Klöstern verwiesen, weil sie sich weigerten, den von China bestimmten Panchen Lama anzuerkennen, Schmähschriften gegen den Dalai Lama zu unterzeichnen oder den Kundun öffentlich zu diffamieren. Viele dieser Ausgestoßenen flohen nach Indien. Im gleichen Jahr wurde auch der Besitz von Bildern des Dalai Lama bei Strafe verboten. 2001 wurden in Osttibet, wo sich die monastische Kultur etwas freier hatte entwickeln können als in der »Autonomen Region Tibet«, sogar erstmals wieder Teile eines Großklosters zerstört.

Diese Politik der Härte sorgte dafür, dass der Flüchtlingsstrom aus Tibet bis zur Gegenwart nicht abriss. Nicht nur Mönche und Nonnen fliehen, auch viele tibetische Eltern bringen ihre Kinder ins indische Exil, um ihnen dort die traditionelle klösterliche Ausbildung zukommen zu lassen, die in Tibet nicht mehr möglich ist. Die Flüchtlinge aus dem Schneeland müssen ihr Leben aufs Spiel setzen, um an den chinesischen Grenzwachen vorbei über hohe Himalayapässe nach Nepal und weiter nach Indien zu gelangen. Viele sterben, verunglücken oder ziehen sich schwere Erfrierungen zu. Selbst wenn es ihnen gelingt, nepalesisches Gebiet zu erreichen, ist ihr Schicksal ungewiss, denn auf Druck Chinas hat Nepal seit einigen Jahren begonnen, tibetische Flüchtlinge zu verhaften und teilweise an China auszuliefern. Im Januar 2005 wurden, vermutlich ebenfalls auf Druck der Chinesen, das Büro des Repräsentanten des Dalai Lama und das Empfangszentrum für tibetische Flüchtlinge, beide in Kathmandu, von der nepalischen Regierung geschlossen. Jene Flüchtlinge aber, die es nach Indien schaffen, pilgern als Erstes nach Dharamsala, um in einer Audienz dem Kundun zu begegnen, der auch Jahrzehnte nach seiner eigenen Flucht Inbegriff der Hoffnung für zahllose Tibeter geblieben ist.

37 Der Dalai
Lama beim
Evangelischen
Kirchentag
1993 in
München.

»Popstar der Erleuchtung«

Die Verleihung des Nobelpreises hatte den Dalai Lama in
der westlichen Welt endgültig »salonfähig« gemacht.
Staatspräsidenten empfingen ihn, Ehrendoktorwürden
und zahlreiche Preise wurden ihm zuerkannt, Hollywood-
stars und andere Prominente setzten sich öffentlich für
seine Sache ein. Er wurde im Weißen Haus empfangen,
sprach in der Rotunde des amerikanischen Kongresshauses,
eröffnete die Salzburger Festspiele, trat bei der Frankfurter
Buchmesse auf, besuchte das Greenpeace-Schiff »Rainbow
Warrior«, nahm an der Einweihung des Holocaust-Denk-
mals in Washington teil, wurde als lebensgroße Wachs-
figur im Kabinett von Madame Tussaud aufgestellt, war
Ehrengast bei Kirchentagen und anderen Großveranstal-
tungen, trat in Fernsehshows und Popkonzerten auf.

Nun erreichte seine Botschaft von Frieden, Toleranz und
universalem Mitgefühl zahllose Menschen, die über Tibet
oder den Buddhismus wenig wussten, sondern einfach
von der Heiterkeit und Menschlichkeit, dem natürlichen
Charisma und Humor und der undogmatischen Weisheit
dieses Mönches vom Dach der Welt begeistert waren.
Der »lachende Buddha« wurde über alle Grenzen von

Konfession und politischer Einstellung hinweg als glaub-
hafte moralische Instanz anerkannt. Der Dalai Lama seinerseits schien keine Gelegenheit auszulassen, sich in der
Öffentlichkeit zu präsentieren, um die Sache Tibets populär zu machen. Genoss der Dalai Lama in der Esoterik-
und New-Age-Szene längst schon höchstes Ansehen, so
wurde er nun auch zu einer Projektionsfläche für die Suche breiter Bevölkerungsschichten nach Sinn, Weisheit
und Werten. Tibet und der tibetische Buddhismus wurden zum Modetrend und rasch auch von der Werbe- und
Konsumindustrie vereinnahmt. Der Dalai Lama auf Großplakaten eines Computerherstellers, tibetische Mönche als
Werbeträger für Videorecorder, Autos und Staubsauger,
dazu Produkte wie »tibetische Liebeskissen«, »Kalachakra-
Uhren« oder T-Shirts und Designertücher mit Buddhas
und sakralen Symbolen ließen das Klischeebild, das sich
der Westen seit Jahrhunderten von Tibet macht, in Kitsch
und Kommerz abgleiten.

Auch Hollywood nahm sich des Kundun an. Aufwen-
dige Filmproduktionen stellten Tibet und den Dalai Lama
in den Mittelpunkt: ›Sieben Jahre in Tibet‹ nach dem Best-
seller von Heinrich Harrer mit Brad Pitt in der Haupt-

38 Apple Computers wirbt
1998 mit dem Dalai Lama auf
Großplakaten in amerikanischen
Städten.

39 Der Dalai Lama zu
Besuch bei Pfarrer Fritz
Betzwieser vor einem
Friedensgebet in Mün-
chen, 1993.

rolle und ›Kundun‹ von Starregisseur Martin Scorsese
über die Jugend des Dalai Lama bis zu seiner Flucht.
Außerdem goss Bernardo Bertolucci in ›Little Buddha‹
die Lebensgeschichte Buddhas und das tibetische Tulku-
Prinzip in die Form eines publikumswirksamen Spiel-
films. Eine Flut von Dokumentationsfilmen zu verschiedenen tibetischen Themen entstand im zeitlichen Umfeld
dieser populären Hollywood-Produktionen. Zwar hatte
das geheimnisumwitterte Tibet immer schon in Filmen,
Romanen und Comics eine Rolle gespielt, aber noch nie
eine solche Breitenwirkung erreicht. Für eine Weile schien
Tibet allgegenwärtig in Kino, Fernsehen, Illustrierten und
Zeitungen, und der Dalai Lama als Repräsentant des
Schneelandes bildete den umschwärmten Mittelpunkt dieser Medienflut. In seiner Residenz in Dharamsala und bei
seinen Auslandsreisen gaben sich Kamerateams, Journa-
listen und Kandidaten für eine der heiß begehrten Privat-
audienzen die Klinke in die Hand.
    Zahllose Tibet-Unterstützungsgruppen arbeiteten auf
verschiedenen Ebenen für Tibet und den Dalai Lama –
auf politischer, humanitärer und kultureller. Ausstellungen tibetischer Kunst, Tanzaufführungen von Mönchen

und Nonnen, Vorträge von tibetischen Ärzten und eine
Unzahl von Publikationen zu tibetischen Themen zogen
immer mehr Menschen in den Bann des Schneelandes.
Zu den öffentlichen Auftritten des Dalai Lama strömten
nun Zehntausende. Der Kundun war zu einem Phänomen geworden, zu einer der bekanntesten Persönlichkeiten der Erde, zu einem »Popstar der Erleuchtung«.

Unzählige Menschen drängten sich an ihn heran. Dabei
gab es auch Kontakte, die dem Dalai Lama später von
Kritikern zum Vorwurf gemacht wurden, zum Beispiel
mit dem japanischen Sektenguru Shoko Asahara, der später für den Giftgasanschlag auf die U-Bahn von Tokio
verantwortlich war.

Indes scheint die Tibet-Mode, die Anfang des neuen
Jahrtausends ihren Höhepunkt erreichte, wieder am Ab-
klingen. Das Medieninteresse am Dalai Lama und dem
Schicksal Tibets lässt nach. Aktuelle Konflikte wie der
»Krieg gegen den Terror« überlagern die Tibetfrage, in
der sich seit über 45 Jahren kaum etwas bewegt hat. Zwar
sind die Aktivitäten der internationalen Tibetlobby nach
wie vor ungebrochen, doch scheint ihr Einfluss auf Politiker und Parlamente nachzulassen. China entwickelte sich
zu einem höchst begehrenswerten Handelspartner, den
man nicht durch zu scharfe Hinweise auf Menschen-
rechtsfragen verärgern möchte. Schon meiden immer
mehr politische Führer die Begegnung mit dem Dalai
Lama, etwa Tony Blair und Jacques Chirac, die das Oberhaupt der Tibeter früher empfangen hatten. Indien versi-
cherte, dass es zu seiner Aussage stehe, dass Tibet ein
Teil Chinas sei, und keinerlei antichinesische Propaganda
der Exiltibeter dulden werde. China belohnte dies durch
das offizielle Anerkennen Sikkims als Teil Indiens. Und
auch nach 45 Jahren hat kein Land der Erde die tibetische
Exilregierung anerkannt oder sich für die Unabhängigkeit Tibets ausgesprochen.

Doch der Dalai Lama lässt sich nicht entmutigen und
sucht weiterhin nach einer Lösung der Tibetfrage. Im November 2004 verlieh er bei einer Pressekonferenz in Süd-

afrika seinem Wunsch Ausdruck, Tibet und China zu bereisen. Er betonte in diesem Zusammenhang: »Ich strebe nicht die Unabhängigkeit an«, und fügte hinzu, dass er diese Aussage schon »tausendmal« gemacht habe – »die Welt weiß, dass der Dalai Lama kein Separatist ist, doch die chinesische Regierung und die chinesischen Medien nennen mich noch immer einen Separatisten.« Die Exilregierung teilt diese Einschätzung. Premierminister Samdhong Rinpoche äußerte im November 2004 in einem Interview: »Die Nation Tibet kann wohl nicht gerettet werden. Einen unabhängigen Staat wird es nie geben.«

Kritik und Spaltungen
Es scheint unvermeidlich, dass dem Dalai Lama als weltbekannter Persönlichkeit nicht nur Zustimmung und Begeisterung begegnen. Abgesehen von den Attacken der Volksrepublik China schlägt dem Dalai Lama sowohl aus den Reihen der Exiltibeter wie auch aus verschiedenen Kreisen in westlichen Ländern nicht nur Wohlwollen entgegen.

40 »Wie göttlich ist er doch für mein Image.« Karikatur aus Politiken/ Kopenhagen.

Im Westen gründet die Kritik am Dalai Lama vor allem auf seiner Funktion als bekanntester Repräsentant des tibetischen Buddhismus. Aus kirchlichen Kreisen hört man, der Dalai Lama benutze seine Popularität dazu, Christen für den Buddhismus zu missionieren. Aus feministischem Umfeld wird auf die Frauenfeindlichkeit des Buddhismus hingewiesen und sexuelle Affären verschiedener tibetischer Lamas im Westen brachten nicht nur die tantrischen Rituale in Verruf. Bei diesen, so andere Kritiker, handele es sich um »die psychische, physische und metaphysische Ausbeutung der Frau«. Darüber hinaus wird dem Dalai Lama vorgeworfen, er strebe mit magischen Mitteln, vor allem durch seine in vielen Ländern durchgeführten Kalachakra-Einweihungen, zur Weltherrschaft und wolle eine »Buddhokratie« errichten, die ihn als »Oberhaupt und lebende Gottheit« verehrt.

Auch linken Kreisen ist die Beliebtheit eines religiösen Führers, der noch dazu als Repräsentant des alten tibetischen Feudalsystems gilt, ein Dorn im Auge. Plakate des Dalai Lama wurden mit Zetteln überklebt, die die Aufschrift trugen: »Jetzt auch bei uns – Opium fürs Volk«, und in Artikeln, wie in »Junge Welt«, schmähte man das Oberhaupt der Tibeter: »Der BILD-Zeitungsautor Lhamo Thöndup, Kampfname: Dalai Lama, nervt zurzeit an jeder zweiten Plakatwand. Überall klebt sein penetrant grinsendes Gesicht. Sicherlich wissen die wenigsten potenziellen BILD-Leser etwas über den Papst der New-Ager und sein Ziel: die Wiederherstellung der Theokratie in Tibet.«

Auch im Spannungsfeld zwischen konservativen, nationalistischen, modernen und radikalen Kräften innerhalb der Exiltibeter kam es zu Unfrieden und Spaltungen – und zu Angriffen auf den Dalai Lama. Radikal gesinnte tibetische Kräfte kritisieren seit langem seinen pazifistischen Kurs und seinen Verzicht auf ein unabhängiges Tibet. Zum anderen setzen sich die alten Animositäten zwischen Volksgruppen und buddhistischen Orden im Exil fort. Konservative Kreise der Gelugpa nehmen es dem Dalai Lama übel, dass er den anderen Schulen und sogar der

Bön-Religion innerhalb der Exilregierung die Gleichberechtigung einräumt und die Vormachtstellung der Gelugpa, wie sie im alten Tibet seit Jahrhunderten zementiert war, abschaffte. Vertreter anderer Orden hingegen argumentieren, dieser Integrationskurs und der Führungsanspruch, den der Dalai Lama über alle Exiltibeter erhebt, sei ein Versuch, alle Schulen der Vorherrschaft der Gelugpa zu unterwerfen. Der Dalai Lama selbst hat sich strikt von jeglichem Sektierertum abgewendet und sich auch in seiner Rolle als wichtigste Inkarnation der Gelugpa über alle Ordensgrenzen hinweggesetzt, indem er Unterweisungen von Lamas aller Schulen annahm und Texte anderer Orden öffentlich lehrt und interpretiert.

Auch seine Bestrebungen, die Zukunft Tibets auf demokratische Beine zu stellen, die eigene Machtstellung und jene von Adel und Geistlichkeit zu beschneiden, stieß auf Ablehnung bei Mitgliedern der alten tibetischen Elite. Fortschrittlichen Tibetern geht die Abkehr des Dalai Lama von feudalem Clandenken und die Demokratisierung des »neuen Tibet« hingegen nicht weit genug. Sie werfen dem Dalai Lama vor, Mitglieder des eigenen Clans bei der Vergabe von Ämtern innerhalb der Exilgemeinde zu bevorzugen und nur eine »Scheindemokratie« zu pflegen.

Solche Unstimmigkeiten eskalierten 1996 in der Dorje-Shugden-Affäre. Es ist eine für nicht-buddhistische Beobachter etwas schwer verständliche Auseinandersetzung um einen Schutzgeist des Gelugpa-Ordens, die seit der Regierungszeit des 5. Dalai Lama im Verborgenen schwelte. In den siebziger Jahren distanzierte sich der Dalai Lama von Dorje Shugden, in dessen Kult er von seinem Tutor Trijang Rinpoche eingeweiht worden war. Zum Eklat kam es, als der Dalai Lama 1996 den Dorje-Shugden-Kult in seinem persönlichen Umfeld und in allen mit der Exilregierung verbundenen Institutionen untersagte. Konservative Gelug-Kreise hielten an Dorje Shugden fest, gilt dieser Schützer doch auch als Zerstörer von Einflüssen anderer Orden. Eine Reihe von Äbten und Mönchen wandte sich vom Dalai Lama ab, beschuldigte ihn öffentlich der Unterdrückung von Religionsfreiheit und der Verletzung von Menschenrechten. Mit welcher Vehemenz die Auseinandersetzung um Dorje Shugden geführt wird, beweist die Ermordung eines siebzigjährigen Mönchsgelehrten, der als einer der schärfsten Kritiker des Shugden-Kultes galt, und zweier seiner Schüler in Dharamsala im Jahr 1997.

Eine weitere Belastung für Teile der Exilgemeinschaft stellt die Kontroverse um die Wiedergeburt des Karmapa dar, des Oberhauptes der Karma-Kagyü-Schule, der nach Dalai Lama und Panchen Lama als drittwichtigste Inkarnation des tibetischen Kulturkreises gilt. Verfeindete Fraktionen inthronisierten jeweils ihren eigenen Kandidaten als 17. Karmapa. Der Dalai Lama erkannte den 1985 in Tibet geborenen Urgyen Trinley Dorje als authentische Inkarnation an. Als dieser zum Jahreswechsel 1999/2000 chinesischer Kontrolle entkam und aus seinem südtibetischen Kloster Tsurphu nach Dharamsala flüchtete, gewährte der Dalai Lama ihm Unterstützung in seinen Bemühungen, Bleiberecht in Indien und die Genehmigung zur Übernahme des Hauptsitzes der Karma-Kagyü im Exil, Kloster Rumtek in Sikkim, zu erlangen. Heftige Kritik über solche Einmischung in die internen Angelegenheiten des Karma-Kagyü-Ordens war die Folge, zumal die Kagyüpa in vergangenen Zeiten die Hauptrivalen der Gelugpa waren.

So sind auch nach 45 Jahren des Exils die alten Brüche zwischen Familienclans, Orden und Volksgruppen der Tibeter nicht verschwunden, allen Versuchen des Dalai Lama zum Trotz, das Exil als Chance für Einheit, Reformen und demokratischen Neuanfang zu nutzen.

Der Dalai Lama als Autor und Vortragender

Umfragen zufolge gilt der Dalai Lama als »weisester Mensch der Erde«. Entsprechend populär sind seine Auftritte, Vorträge und Bücher. Die Veröffentlichungen unter dem Namen des Dalai Lama sind unüberschaubar. Seit den siebziger Jahren ist eine Flut von Büchern, übersetzt in viele Sprachen, erschienen, für die der Dalai Lama als Autor oder wenigstens Co-Autor verantwortlich zeichnet. Zudem gibt es kaum einen Band über Tibet, dem nicht ein Vorwort des Kundun vorangestellt ist. Ein Großteil seiner Bücher besteht aus Transkripten von Vorträgen, Interviews und Podiumsgesprächen, in manchen anderen spielen die Kommentare Seiner Heiligkeit zu Vorträgen und Diskussionsforen anderer Kapazitäten eher eine Nebenrolle, obwohl sein verkaufsfördernder Name groß auf dem Titel erscheint.

Die Bandbreite der Bücher des Dalai Lama ist weit gefächert. Zuerst seien seine beiden Autobiografien genannt, die 1962 und 1990 erschienen und mithilfe westlicher Publizisten entstanden sind. Ferner hat er einführende, oft aber auch hoch spezialisierte buddhistische Werke verfasst. Letztere sind ausschließlich für aktiv Praktizierende dieses geistigen Weges von Interesse und stehen in der Tradition der in Tibet gebräuchlichen Kommentarliteratur. Hier wird ein oft jahrhundertealter Quellentext mit Erklärungen, Kommentaren und praktischen Anweisungen versehen. Nicht selten werden Kommentare vergangener Meditationsmeister, etwa früherer Dalai Lamas, erneut kommentiert, um sie für moderne Leser verständlich zu machen. Und schließlich liegt eine Unmenge populärer Werke vor, in denen der Dalai Lama Stellung bezieht zu alltäglichen menschlichen Fragen. Sie tragen Titel wie ›Ratschläge des Herzens‹, ›So einfach ist das Glück‹, ›Der Weg zum sinnvollen Leben‹, ›Der Friede beginnt in dir‹, ›Glücksregeln für den Alltag‹ oder ›Im Einklang mit der Welt‹, um nur einige wenige zu nennen. Kalender mit »Worten der Weisheit«, Tonträger, Zitatensammlungen, Bildbände und Ähnliches vervollständigen die Palette der Dalai-Lama-Publikationen.

Zitate aus solchen Büchern werden gerne auch von der Presse aufgegriffen oder gar – wie im Jahr 2003 von der BILD-Zeitung praktiziert – in Auflagen steigernde, bundesweit an Plakatwänden beworbenen Serien (»Der Dalai Lama schreibt für BILD«) umgemünzt. Mit Aussagen wie

»Er macht uns allen Mut, in einer Zeit, in der gerade in Deutschland so vieles schief läuft. Er steht für Gewaltlosigkeit. Er kennt die wirklichen Probleme unserer Zeit. Er lächelt über Probleme und lacht über sich selbst«, machte BILD den »Gottkönig« seiner Leserschaft schmackhaft, wie gewohnt zwischen Sensationsschlagzeilen und Abbildungen leicht bekleideter Mädchen. Auch Auftritte in Fernsehshows von Thomas Gottschalk, Jürgen Fliege oder Alfred Biolek und Interviews in Zeitschriften wie ›Playboy‹ rückten den Dalai Lama in die Nähe »ganz normaler« Promis aus der Sport- oder Unterhaltungsbranche. Kein Wunder, dass viele Tibetfreunde von einer Trivialisierung und Banalisierung von Tibet und Buddhismus sprechen und anmerken, dass solche »Öffentlichkeit um jeden Preis« nicht nur die Integrität des Kundun beschädigt, sondern auch die Sache Tibets.

Kernaussagen des Dalai Lama

In seinen Büchern und Vorträgen äußert sich der Dalai Lama zu vielfältigen Themen – von Wissenschaft bis Religion und Mystik, von Psychologie bis zu Ratschlägen bei Alltagsproblemen und ethischen, ökologischen und politischen Fragen. Stets aber wurzeln seine Aussagen, zu welchem Thema auch immer, im Grundstock seiner langjährigen Ausbildung in buddhistischer Philosophie und Metaphysik sowie in seiner einfühlenden, warmen Menschlichkeit. Gleich, aus welchem Ansatz heraus der Dalai Lama seine Argumente vorbringt, stets kreisen seine Aussagen um eine Handvoll zentraler Punkte: das Streben nach Glück und das Vermeiden von Unglück als Grundlage menschlichen Daseins, Güte und Mitgefühl, Gewaltlosigkeit und Toleranz, universale Verantwortung jedes einzelnen Menschen, Geistesschulung durch Meditation.

Er selbst hat in seiner Autobiografie die Grundsäulen seiner öffentlichen Äußerungen umrissen: »Meine Reden enthalten drei Komponenten: Zunächst einmal spreche ich als Mensch über das, was ich als universale Verant-

41 Der Dalai Lama als
buddhistischer Lehrer und
Ritualmeister.

wortung bezeichne. Darunter verstehe ich die Verantwortung, die wir gegenüber unseren Mitmenschen, gegenüber allen denkenden und fühlenden Wesen und
schließlich gegenüber der Natur haben.

Zweitens versuche ich als buddhistischer Mönch, meinen Beitrag zu einem besseren Verständnis und mehr
Harmonie zwischen den verschiedenen Religionen zu
leisten. Es ist nämlich meine feste Überzeugung, dass alle
Religionen das Ziel haben, die Menschen menschlicher
zu machen, und dass sie, trotz der bestehenden philosophischen Unterschiede, die teilweise fundamental sind,
alle der Menschheit helfen wollen, glücklich zu werden.

Drittens und letztens spreche ich als Tibeter und besonders als Dalai Lama über mein Land, mein Volk und meine Kultur, wenn jemand Interesse daran äußert.«

Der buddhistische Lehrer

Diese Themen betreffen vorwiegend seine öffentlichen
Auftritte in westlichen Ländern und seine Publikationen,
die auf eine breite Leserschaft zielen. Darüber hinaus
erfüllt der Dalai Lama seine Aufgabe eines hochrangigen
spirituellen Meisters, der Belehrungen und Einweihungen auf allen Stufen des buddhistischen Weges an
Mönche und Laienpraktizierende erteilt. Er bedient sich

Kalachakra und Shambhala

Das »Rad der Zeit«, das letzte und komplexeste buddhistische Tantra, bei dem auch Zeitrechnung und Astrologie eine Rolle spielen, wurde 1027 in Tibet eingeführt. Es stammt ursprünglich vermutlich aus Zentralasien und wurde in Indien systematisiert. Der Legende nach wurde es verfasst von König Suchandra, einem Herrscher des geografisch nicht fassbaren mythischen Reiches Shambhala. Aus diesem »reinen Land«, dessen Bewohner befreit sind vom Daseinskreislauf, in Frieden und Harmonie leben und sich ausschließlich mit dem Studium des Kalachakra beschäftigen, soll im Jahr 2327, wenn die Welt von Krieg und Zerstörung beherrscht wird, der 25. Kalki, König von Shambhala, Rudra Chakrin (der Rasende mit dem Rad) mit seinen Heeren und schrecklichen Waffen hervorkommen, um in einer furchtbaren letzten Schlacht zwischen Gut und Böse alle Feinde des Buddhismus zu vernichten und ein weltumspannendes goldenes Zeitalter einzu-

leiten. Solche dualistischen, eschatologisch-apokaliptischen Konzepte sind dem Buddhismus eigentlich fremd und weisen auf zoroastrische, manichäische und christliche Elemente hin, die in diesen Mythos eingeflossen sind. Der Islam gilt als Repräsentant der Mächte des Bösen, die in diesem Endkampf niedergerungen werden, da zur Entstehungszeit des Kalachakra in der Tat muslimische Eroberer den Buddhismus in Zentralasien und Indien mit Feuer und Schwert auslöschten.

Ziel des Kalachakra-Tantra wie auch der anderen buddhistischen Tantras ist es, auf schnellem, direkten Weg durch Vereinigung von Weisheit und Methode die vollkommene Buddhaschaft zu erlangen. Ein Grundgedanke ist die Einheit von Mikro- und Makrokosmos – das ganze Universum existiert im eigenen Körper. Sri Kalachakra, die tantrische Gottheit, die als Personifizierung dieses Lehrsystems verbildlicht wird, ist stets in Vereinigung (Yab Yum) mit seiner weiblichen Entsprechung Vishvamati dargestellt. Diese Symbolik sexueller Umarmung, die in den tantrischen Ritualen verwendet wird, ist eine visuelle Metapher für das Verschmelzen männlichen und weiblichen Prinzips, die im Buddhismus als Weisheit (weiblich) und Methode (männlich) angesehen werden. In ihrer Vereinigung wird die Polarität aufgehoben und in der Verbindung von Glückseligkeit und Leerheit Befreiung erreicht. Durch eine komplizierte Serie von Einweihungen, Ritualen und Visualisierungen, bei denen unter anderem von spezialisierten Mönchen ein großes Kalachakra-Mandala aus Sand gestreut wird und rituelle Tänze zur Aufführung kommen, werden die Schüler in die Symbolik und Praxis des Kalachakra eingeführt. Der Dalai Lama, der selbst im Alter von 18 Jahren von seinem Tutor Ling Rinpoche in das Kalachakra-Tantra eingeweiht wurde, fungierte seither in vielen Kalachakra-Einweihungen als Vajra-Meister. Auch in westlichen Ländern führt er diese Einweihung regelmäßig vor Tausenden von Zuschauern und Teilnehmern durch.

virtuos der verschiedenen Aspekte und Stufen der buddhistischen Lehre. Von den grundlegenden Lehrsätzen des frühen Buddhismus über die philosophischen Erläuterungen der Lehrmeinungen zur letztendlichen Realität der Phänomene und das Bodhisattva-Ideal des Mahayana-Buddhismus bis hin zu Anweisungen für tantrische Praktiken aller Stufen oder Einsichten in die höheren Lehrsysteme von Mahamudra und Dzogchen steht dem Dalai Lama die gesamte Bandbreite buddhistischer Theorie und Praxis zu Gebote. In seiner Funktion als buddhistischer Lehrer vermittelt er aber nicht nur theoretisches Wissen, sondern agiert selbst als Vajrameister diverser Rituale und Einweihungen. Die Mehrzahl der Menschen kennt den Dalai Lama als heiter lachenden, stets zu einem Scherz aufgelegten Tibeter in Mönchsrobe, der auf der Basis grundlegender buddhistischer Weisheit und liebevoller Zuwendung über Toleranz und Mitgefühl spricht,

42 Das Kalachakra-
Mandala wird von
Mönchen aus farbigem
Sand gestreut und nach
der Kalachakra-Einweihung
rituell zerstört.

die praktizierenden Buddhisten, die zu seinen oft mehrtägigen Initiationen und Belehrungen kommen, erleben
ihn auch als Ausübende jahrhundertealter Rituale und
Meister eines komplexen Lehr- und Meditationssystems.

Mit großem Einfühlungsvermögen weiß der Dalai
Lama diese beiden Grundsäulen seines öffentlichen Auf-
tretens zu verbinden. Nirgends wird das augenfälliger als
bei den großen Kalachakra-Einweihungen, die er seit vielen Jahren regelmäßig auf allen Kontinenten durchführt
und die Neugierige, New-Age-Anhänger, »Dalai-Lama-
Fans«, Buddhismus-Interessierte und langjährige Praktizierende und tantrische Eingeweihte gleichermaßen
anziehen. Nicht selten sind es zehntausend und mehr
Menschen, die sich in Sporthallen oder an Versammlungs-
plätzen zusammenfinden, um an diesem mehrtägigen
Einweihungsritual teilzunehmen, dessen tatsächliche spirituelle Bedeutung sich allerdings nur den wenigsten An-
wesenden erschließt. Für den interessierten Laien ist die
»Kalachakra-Einweihung für den Weltfrieden«, wie diese
Großverstaltungen oft benannt werden, wohl kaum mehr
als ein exotisch-esoterisches Ritual. Der praktizierende
tantrische Buddhist nimmt mit den Einweihungen in das

»Rad der Zeit« bestimmte Verpflichtungen in seiner täglichen Praxis auf sich und versucht, die äußerst komplexen
Belehrungen und die tiefgründige Symbolik des Rituals
zu durchdringen und auf seinem persönlichen geistigen
Weg umzusetzen, während nur einige wenige auser-
wählte und langjährige Praktizierende zu den nicht
mehr öffentlichen Einweihungen der geheimen höheren
Kalachakra-Stufen zugelassen werden, bei denen auch
sexualmagische Rituale eine Rolle spielen.

Kein Wunder, dass gerade diese weltweit populären
Kalachakra-Einweihungen und der mit ihnen verbun-
dene Shambhala-Mythos Anlass für ausufernde Spekulationen und mitunter auch eine Dämonisierung des Dalai
Lama sind. Schon seit dem 19. Jahrhundert ist der »Mythos Tibet« ein Feld, auf dem esoterische Schwärmereien,
Weltverschwörungstheorien und eine Reihe anderer Phänomene bis hin zu Rassentheorien, Berichten über magische Praktiken, unterirdische Städte und Ähnliches
prächtig gedeihen. Auch im 21. Jahrhundert hat dieser
Mythos nichts von seiner Faszination verloren. Im Dalai
Lama als »Inbegriff Tibets« sammeln sich all diese verschiedenen Aspekte und Projektionen, gleich ob auf politischer, spiritueller oder kultureller Ebene, gleich ob positive oder negative, wie in einem Brennspiegel. Doch der
»Ozean der Weisheit«, »das wunscherfüllende Juwel«
sieht sich selbst nicht als Mythos oder Kultfigur, sondern
als bescheidener buddhistischer Mönch, der durch sein
Wirken nicht nur das Schicksal des tibetischen Volkes
zum Guten wenden, sondern zum Wohle aller fühlenden
Wesen beitragen möchte. Für einen »Dalai-Lama-Stein«,
der 2003 im Münchener Olympiapark aufgestellt wurde,
hat er die Essenz seiner universellen Botschaft formuliert:
»Alle Lebewesen streben nach Glück und Frieden. Dieses
Ziel können wir auf diesem Planeten erreichen, wenn wir
Liebe und Mitgefühl in unserem Herzen entfalten. Ich bete dafür, dass ein jeder von uns durch eine liebevolle und
mitfühlende Haltung allem Leben gegenüber den Strom
des Bewusstseins stärkt.«

Ausblick

Die zwei Abgesandten des Dalai Lama, die im Herbst 2004 zu Sondierungsverhandlungen nach Peking gereist waren, zogen folgendes Fazit: »Die Gespräche machten deutlich, dass wesentliche Meinungsverschiedenheiten bestehen, darunter sehr grundlegende.« Auch 45 Jahre nach der Flucht des Dalai Lama ins Exil haben alle Bemühungen um die Unabhängigkeit oder zumindest eine umfassende Autonomie Tibets keine greifbaren Ergebnisse gebracht, weder die Verhandlungen der Exilregierung mit China noch die Aktivitäten der Tibet-Hilfsorganisationen, die sich in über 40 Ländern der Erde für die Sache Tibets einsetzen, ebenso wenig die Appelle von Politikern und Parlamenten. Die Tibetfrage scheint festgefahren. Während alle Verhandlungsversuche und Initiativen scheitern, setzt China in Tibet weiterhin auf eine kompromisslos harte Linie, schreiten die Auslöschung der tibetischen Kultur, der Zuzug immer neuer chinesischer Siedler, die Ausbeutung der natürlichen Ressourcen und vieles mehr unaufhaltsam voran. Düstere Prognosen gehen davon aus, dass Tibets Kultur in ihrem Heimatland bald nur mehr in einigen wenigen Klöstern als Touristenattraktion als folkloristische Hülle vorhanden sein wird und dass die Tibeter ähnlich wie die Indianer in Nordamerika oder die Aborigines in Australien zu einer verschwindenden Minderheit im eigenen Land werden. Und doch hat der Dalai Lama die Hoffnung nicht verloren. In einem Interview mit der Tribune India im September 2004 sagte er: »Von einem eingeschränkten Blickpunkt aus betrachtet erscheint die tibetische Sache fast hoffnungslos. Doch in der erweiterten Perspektive eines sich verändernden globalen Szenarios ist sie sehr hoffnungsvoll.« Im Time Magazine Asia führte er diesen Gedanken näher aus: »Viele kommunistische und autoritäre Regimes haben sich geändert, einschließlich der Sowjetunion, nicht durch Gewalt, sondern durch ihr eigenes Volk. Dies sind sehr positive Entwicklungen.«

Zugleich bezeichnen die Chinesen den Dalai Lama trotz seiner Zugeständnisse, er strebe nicht mehr die Unabhängigkeit Tibets an, nach wie vor als unehrlich und als »Separatisten« und halten an ihrem Kurs fest: »Tibet ist ein untrennbarer Teil Chinas und die tibetische Angelegenheit ist ausschließlich eine interne chinesische Angelegenheit. Jegliche fremde Einmischung ist nicht erlaubt.« In einem 2004 erschienenen Weißbuch loben sie den »enormen Fortschritt«, den Tibet seit 1959 machte und verkünden, Tibet sei seit über 700 Jahren Teil Chinas. Und sie machen klar, dass »das Schicksal Tibets nicht vom Dalai Lama entschieden werden kann«. Er solle, so der zynische Rat, »der Wirklichkeit ins Gesicht sehen«. Und die »Wirklichkeit« ist nun einmal, dass China Tibet seit Jahrzehnten in allen Belangen kontrolliert und kein Land der Erde die tibetische Exilregierung anerkennt oder die Unabhängigkeit Tibets unterstützt.

Und doch ist eine Lösung der Tibetfrage ohne den Dalai Lama nicht denkbar. Noch immer ist er »das Herz und die Seele« Tibets, sowohl für die Tibeter im Exil wie auch für die meisten Tibeter im Schneeland, allen chinesischen Umerziehungsmaßnahmen und Propagandakampagnen zum Trotz. Doch dem Dalai Lama ist bewusst, dass die Chinesen auf Zeit spielen, dass sie auf den Tag warten, an dem die Integrationsfigur des tibetischen Freiheitskampfes nicht mehr sein wird, dass sie davon ausgehen, dass mit der Symbolfigur Tibets auch die internationale

Im herrlichen Reich Tibet,
umringt von einer Kette von Schneebergen,
liegt die Quelle allen Glücks
und aller Hilfe für die Wesen
in Tenzin Gyatso, dem personifizierten Chenresig.
Möge sein Leben sicher sein für Hunderte von Kalpas.
Aus einem Langlebensgebet für den 14. Dalai Lama

Solidarität mit dem Schneeland sterben wird. Am 6. Juli 2005 wird Seine Heiligkeit 70 Jahre alt. An jedem seiner Geburtstage werden überall auf der Welt Langlebensgebete und Bitten um die Gesundheit des Kundun gesprochen. Doch auch der Dalai Lama ist nicht unsterblich. Mit seinem Tod wird Tibet seine einzige international bekannte und anerkannte Persönlichkeit verlieren.

Längst haben Diskussionen über die Zeit nach seinem Ableben begonnen. Die Chinesen gaben zu verstehen, dass sie die Wiedergeburt des Dalai Lama »auf traditionelle Weise« in China auffinden und inthronisieren werden. Eine entsprechende Kommission ist angeblich schon gebildet. Der Dalai Lama hingegen hat klar zum Ausdruck gebracht, dass er sich »außerhalb chinesischer Kontrolle« in einem freien Land wiederverkörpern wird: »Der Zweck der Reinkarnation ist es, die Lebensaufgabe der vorherigen Inkarnation zu erfüllen. Mein Leben ist außerhalb Tibets, also wird auch meine Reinkarnation logischerweise außerhalb gefunden werden. Doch dann ist die nächste Frage: Werden die Chinesen dies akzeptieren oder nicht? China wird es nicht akzeptieren. Die chinesische Regierung wird vermutlich einen anderen Dalai Lama ernennen, so wie sie dies mit dem Panchen Lama getan hat. Dann wird es zwei Dalai Lamas geben: einen, den Dalai Lama des tibetischen Herzens, und einen anderen, der offiziell ernannt wurde«, sagte der Kundun im Oktober 2004.

Zugleich äußern manche Tibeter resigniert, dass der 14. Dalai Lama der letzte gewesen sein könnte. Auch der Kundun selbst schließt diese Möglichkeit nicht aus: »Ich werde nur reinkarnieren, wenn das tibetische Volk dies wünscht. Es wird ein Tag kommen, an dem es keinen Dalai Lama mehr geben wird.« Doch der Kundun meint hier nur die Institution der Dalai Lamas. Seine weltliche Macht hat er 2004 dem Parlament der Exiltibeter übertragen und deutlich gemacht, dass er auch in einem künftigen freien Tibet nicht mehr als Staatsoberhaupt fungieren würde: »Ich möchte Tibet nicht regieren. In einem

43 S. H. Tenzin Gyatso, XIV. Dalai Lama

freien Tibet würde ich auf alle weltliche Macht verzichten und als gewöhnlicher Mönch leben.«

In jedem Fall aber wird es nach dem Tod des Dalai Lama eine jahrzehntelange Periode geben, in der sein Nachfolger aufgefunden, anerkannt und bis zur Volljährigkeit erzogen werden muss, eine Zeitspanne, in der einstmals Regenten über das Schicksal Tibets entschieden. Eine sehr problemreiche Zeit, wie die Geschichte Tibets zeigt, und eine wohl noch problemreichere in der gegenwärtigen Situation der Tibeter in Tibet und im Exil.

Doch ob Tenzin Gyatso nun in der Funktion eines Dalai Lama wiedergeboren werden wird oder nicht, sein Bodhisattva-Gelübde bindet ihn, sich immer wieder zu inkarnieren, um allen fühlenden Wesen auf dem Weg zur Erleuchtung zu helfen. Nicht umsonst lautet eines seiner Lieblingsgebete:

> »Solange das Weltall besteht,
> Solange Lebendiges lebt,
> So lange möchte auch ich bestehen,
> Um das Elend der Welt zu vertreiben.«

Zeittafel

1933 Am 17. Dezember stirbt der
13. Dalai Lama.

1935 Im Sommer beginnt die Suche
nach der Wiedergeburt des
Dalai Lama. Am 6. Juli wird
Lhamo Thöndup, der spätere
14. Dalai Lama, als Sohn einer
Bauernfamilie in Taktser /
Amdo geboren.

1936 Drei Suchtrupps brechen aus
Lhasa auf.

1937 Lhamo Thöndup wird von einer Suchkommission geprüft
und als wahrscheinliche Reinkarnation des Dalai Lama erkannt. Langwierige Verhandlungen über Lösegeld und
Ausreise beginnen.

1939 Im Juli darf Lhamo Thöndup
nach Lhasa abreisen. Am 23.
August bestätigt die Nationalversammlung das Auffinden
des 14. Dalai Lama. Am 8. Oktober zieht Lhamo Thöndup
in Lhasa ein.

1940 Feierliche Inthronisation am
22. Februar im Potala.

1941 Beginn der klösterlichen Ausbildung. Reting Rinpoche
übergibt das Regentenamt an
Taktra Rinpoche.

1942 Der Dalai Lama legt seine
Novizengelübde ab.

1946 Eine tibetische Delegation
reist nach Indien und
China.

1947 Der Dalai Lama legt seine
ersten Prüfungen ab.
Indien wird unabhängig. Die
Reting-Revolte bringt Tibet an
den Rand eines Bürgerkrieges.
Reting Rinpoche stirbt am
8. Mai im Gefängnis.

1949 Alle in Zentraltibet lebenden
Chinesen werden ausgewie-
sen. Am 1. Oktober ruft Mao
Tse-tung die Volksrepublik
China aus.

1950 Schweres Erdbeben in Tibet.
Für einige Monate wird
Heinrich Harrer inoffizieller
Lehrer des Dalai Lama.
Am 5. Oktober dringt die
Volksbefreiungsarmee in
Tibet ein. Am 17. November
übernimmt der Dalai Lama
vorzeitig die Macht in Tibet.
Ende Dezember verlässt der
Dalai Lama Lhasa.

1951 Der Dalai Lama residiert im
Chumbi-Tal nahe der Grenze
zu Sikkim. Am 23. Mai stimmt
eine tibetische Delegation dem
17-Punkte-Abkommen zu, das
Tibet als Teil Chinas anerkennt.
Im August kehrt der Dalai
Lama nach Lhasa zurück.
Am 9. September marschieren
3000 chinesische Soldaten in
Lhasa ein. Am 24. Oktober bestätigt der Dalai Lama offiziell
das 17-Punkte-Abkommen.

1952 Der Dalai Lama fasst eigene
Reformpläne für Tibet.

1953 Der Dalai Lama erhält die Einweihung in das Kalachakra-
Tantra. Tibetische Beamte
brechen zu einer halbjährigen
Rundreise durch China auf.

1954 Der Dalai Lama wird zum
Vollmönch ordiniert. Im Sommer Reise nach Peking. Begegnungen mit Mao Tse-tung.
Rundreise durch Nordchina.
In Amdo und Kham beginnt
der »sozialistische Umbau«.

In Kham beginnt der bewaffnete Widerstand.

1955 Im Mai kehrt der Dalai Lama nach Lhasa zurück. Die Widerstandskämpfer erobern alle wichtigen Orte in Kham außer der Hauptstadt Chamdo.

1956 Die Chinesen bombardieren Klöster in Kham. Gampo Tashi wird zur Führungsfigur des Widerstandes. Gründung des »Vorbereitenden Komitees zur Errichtung der Autonomen Region Tibet«; der Dalai Lama wird Erster Vorsitzender. Im November reist der Dalai Lama anlässlich der Feiern zum 2500. Geburtstag Buddhas nach Indien.

1957 Ende März kehrt der Dalai Lama nach Lhasa zurück. Erste Tibeter werden von der CIA ausgebildet.

1958 Den Rebellen gelingen schwere Schläge gegen die Volksbefreiungsarmee. Der Dalai Lama und seine Regierung verweigern dem Widerstand jede Unterstützung. Der Dalai Lama legt in der Klosteruniversitäten Drepung, Sera und Ganden seine vorbereitenden Abschlussprüfungen ab.

1959 Im Februar legt der Dalai Lama seine Abschlussprüfungen zum Lharampa Geshe ab. Am 10. März versammeln sich etwa 30 000 Tibeter vor dem Norbulinka, um den Dalai Lama am Besuch des chinesischen Hauptquartiers zu hindern. Am 17. März explodieren zwei Mörsergranaten in der Nähe des Norbulinka. In der Nacht zum 18. März flieht der Dalai Lama aus Lhasa. Am 20. März wird der Norbulinka unter Feuer genommen. Der tibetische Widerstand in Lhasa wird blutig niederge-

schlagen. Die tibetische Regierung wird durch eine chinesische Militärregierung unter dem formellen Vorsitz des Panchen Lama ersetzt. In Tibet beginnt die Zerstörung von Klöstern und Tempeln. Am 31. März erklärt der Dalai Lama das 17-Punkte-Abkommen für ungültig und überschreitet die indische Grenze. Erste UNO-Resolution zur Tibetfrage. Im nordindischen Mussoorie begründet der Dalai Lama eine tibetische Exilregierung. Zehntausende Tibeter fliehen aus Tibet.

1960 Im April Umzug des Dalai Lama nach Dharamsala. Die ersten tibetischen Siedler beginnen in Bylakuppe, Südindien, Land urbar zu machen. Der Widerstand in Tibet wird blutig niedergeschlagen. Viele Rebellen fliehen nach Indien. In Mustang (Nepal) entsteht mit Unterstützung der CIA eine neue Rebellenbasis. Am 2. September wird das Exil-Parlamant eingesetzt. Gründung des Tibetischen Instituts für Darstellende Künste und des Zentralen Instituts für Höhere Tibetische Studien.

1961 Zweite UN-Resolution zur Menschenrechtssituation in Tibet. Auf Initiative des Dalai Lama wird ein Verfassungsentwurf für ein demokratisch geordnetes Tibet ausgearbeitet. Der Dalai Lama besucht die tibetischen Siedlungen in Südindien.

1962 In Tibet legt der Panchen Lama der chinesischen Regierung eine Petition vor, in der Misswirtschaft und Menschenrechtslage in Tibet sowie die Zerstörung der tibetischen Kultur scharf kritisiert werden. Chinesisch-indischer Krieg. Die erste Autobiografie des Dalai Lama erscheint.

1963 Der Dalai Lama verkündet die provisorische demokratische Verfassung Tibets. Die Exiltibeter wählen erstmals ihr »Parlament« – die »Versammlung der Abgeordneten des tibetischen Volkes«.

1964 Der Panchen Lama fällt in Ungnade und verschwindet in chinesischen Gefängnissen. Tod von Nehru.

1965 Zentral- und Westtibet werden zur »Autonomen Region Tibet« zusammengefasst. Ganz Amdo und große Teile von Kham werden auf verschiedene chinesische Provinzen aufgeteilt. Im Dezember dritte UN-Resolution zur Menschenrechtssituation in Tibet.

1966 Waffenstillstand zwischen Indien und Pakistan. In Tibet beginnt die »Große Proletarische Kulturrevolution«. Fast alle Klöster und Tempel werden zerstört, Kunstwerke, Ritualgegenstände und Bücher von unschätzbarem Wert vernichtet.

1967 Erste Auslandsreise des Dalai Lama außerhalb Indiens nach Japan und Thailand.

1968 In Lhasa kommt es zu einem Massaker an aufständischen tibetischen Jugendlichen.

1969 Ausbau des Regierungssitzes des Dalai Lama in Dharamsala. Das Kloster Namgyal, Hauskloster des Dalai Lama, entsteht in Dharamsala neu.

1970 Am 7. Oktober wird der Tibetische Jugendkongress (TYC) begründet. Neugründung der »drei Sitze«, der Hauptklöster der Gelugpa, Drepung, Ganden und Sera, in Südindien. In Dharamsala entsteht die

»Bibliothek Tibetischer Werke und Archiv«.

1971 China stationiert erste Nuklearwaffen in Amdo. Aufnahme der Volksrepublik China in die UNO.

1972 Besuch von US-Präsident Richard Nixon in Peking.

1973 Erste Reise des Dalai Lama außerhalb Asiens in elf europäische Länder.

1974 Eine Tonbandbotschaft des Dalai Lama an die Rebellen in Mustang beendet den bewaffneten Widerstand der Tibeter. Der Dalai Lama besucht die tibetische Exilgemeinde in der Schweiz.

1976 Am 8. September stirbt Mao Tse-tung.

1978 Deng Xiao-ping verkündet eine Politik der Liberalisierung. Rehabilitierung des Panchen Lama.

1979 Gyalo Thöndup, Bruder des Dalai Lama, reist zu Verhandlungen nach Peking. Im August darf die erste von drei Untersuchungsdelegationen des Dalai Lama Tibet bereisen und wird von der Bevölkerung begeistert empfangen.

1980 Im Mai und im Juli bereisen zwei weitere Delegationen des Dalai Lama Tibet. In Tibet werden religiöse Handlungen und privater Handel wieder zugelassen.

1981 Tod der Mutter des Dalai Lama. China veröffentlicht den »Fünf-Punkte-Plan«, in dem der Dalai Lama und seine Gefolgschaft aufgefordert werden, nach China zu ziehen. Der Dalai Lama lehnt ab.

1982 Verhandlungen exiltibetischer Abgesandter in Peking enden ergebnislos. Die Tibeter in Tibet erhalten gewisse Reisefreiheiten.

1984 China beschließt, eine große Anzahl chinesischer Kader, Unternehmer und »Experten« in Tibet anzusiedeln.

1985 Tibet wird für den internationalen Tourismus geöffnet. Im Juli bereist eine vierte Delegation des Dalai Lama den Nordosten Tibets.

1986 Die Situation in Tibet wird erstmals im Deutschen Bundestag behandelt. Der Dalai Lama nimmt am Gebetstag des Weltfriedens in Assisi teil.

1987 Am 21. September stellt der Dalai Lama seinen Fünf-Punkte-Friedensplan für Tibet vor. Im Oktober werden schwere Unruhen in Lhasa blutig niedergeschlagen. Der Deutsche Bundestag rügt China für grobe Menschenrechtsverletzungen. Das Europäische Parlament fordert China auf, die freie Religionsausübung und die kulturelle Autonomie der Tibeter zu achten. In Dharamsala findet die erste Konferenz des »Mind-and-Life-Projects« statt – Biologen, Neuro- und Kognitionswissenschaftler begegnen sich im Dialog mit dem Dalai Lama.

1988 Im März kommt es zu weiteren schweren Unruhen in Lhasa. Der Dalai Lama gibt die »Straßburger Erklärung« ab. Für Januar 1989 geplante Verhandlungen zwischen China und dem Dalai Lama werden abgesagt.

1989 Der 10. Panchen Lama stirbt im Januar unter ungeklärten Umständen. Nach weiteren blutigen Ausschreitungen wird im März in Tibet das Kriegsrecht verhängt. In Peking kommt es zum »Massaker auf dem Tiananmen-Platz«.

Der Dalai Lama erhält am 5. Oktober in Oslo den Friedensnobelpreis. Auftritt des Dalai Lama an der Berliner Mauer am Tag des Sturzes von Egon Krenz.

1990 Aufhebung des Kriegsrechts in Tibet am 1. Mai, doch China ersetzt den moderatliberalen Kurs in Tibet durch eine Politik der Härte.
Der Dalai Lama wird am 4. Oktober als erster ausländischer Gast nach der deutschen Wiedervereinigung von Bundespräsident Richard von Weizsäcker empfangen. Auftritt bei der Frankfurter Buchmesse. Die zweite Autobiografie des Dalai Lama erscheint. Der Dalai Lama führt weitere demokratische Reformen in der tibetischen Exilregierung ein.

1991 Verabschiedung der Verfassung durch das exiltibetische Parlament. Am 16. April empfängt George Bush sen. den Dalai Lama im Weißen Haus. Im September erkärt die tibetische Exilregierung die »Straßburger Erklärung« für ungültig.

1992 Gründung der »Höchsten Rechtskommission« durch den Dalai Lama. Im Februar verkündet der Dalai Lama die »Richtlinien für eine künftige Tibet-Politik«. Der Dalai Lama eröffnet die Salzburger Festspiele. Das Ständige Gericht der Völker in Straßburg befindet China schwer wiegender Völker- und Menschenrechtsverletzungen für schuldig. Das Europäische Parlament fordert die Freilassung aller politischen Gefangenen in Tibet.

1993 In Lhasa beginnt die Zerstörung der historischen Altstadt.

1994 Gründung der Nationaldemo-
kratischen Partei Tibets (im
Exil). Die Religionsfreiheit in
Tibet wird eingeschränkt.
Gewaltsame Auseinanderset-
zungen zwischen Indern und
Exiltibetern in Dharamsala.

1995 Der Dalai Lama erkennt den
in Tibet geborenen Gendun
Choekyi Nyima als Wiedergeburt des 10. Panchen Lama an.
Daraufhin wird das Kind mit
seiner Familie verschleppt.

1996 In Tibet wird der Besitz von
Bildern des Dalai Lama bei
Strafe verboten. Umerziehungs-
kampagnen in tibetischen
Klöstern beginnen. Etwa 4000
Mönche und Nonnen werden
aus ihren Klöstern verwiesen.
Resolution des Deutschen
Bundestages zur Menschen-
rechtssituation in Tibet.
Die Shugden-Affäre und die
Kontroverse um die Wieder-
geburt des Karmapa führen
zu Spaltungen in der tibeti-
schen Exilgemeinde.
Bombenanschlag auf ein Re-
gierungsgebäude in Lhasa.

1997 Im Umfeld der Shugden-Krise
werden am 4. Februar der
Direktor der Buddhist School
of Dialectics und zwei seiner Schüler in Dharamsala
ermordet.
Tod von Deng Xiao-ping.

1998 Sechs Exiltibeter beginnen in
Delhi einen Hungerstreik bis
zum Tod, der nach 49 Tagen
von der Polizei gewaltsam abgebrochen wird. Ein Tibeter
stirbt durch Selbstverbrennung.

1999 Ende Dezember flieht der
17. Karmapa im Alter von
14 Jahren nach Indien.

2000 Der Dalai Lama setzt sich für
das Bleiberecht des geflohe-
nen Karmapa in Indien ein.

2001 In Osttibet werden erstmals
wieder Teile von Klöstern zerstört. Baubeginn einer Eisenbahnlinie ab Golmud, die Peking mit Lhasa verbinden soll.

2002 Erste offizielle Kontakte zwischen China und den Exiltibetern seit neun Jahren.

2003 In Deutschland wird der Dalai
Lama von der Bild-Zeitung
bundesweit vermarktet.

2004 Ein chinesisches Weißbuch
ernüchtert alle Hoffnungen
auf eine Lösung der Tibetfrage.
Verhandlungen zwischen China und der tibetischen Exilregierung enden ergebnislos.

2005 70. Geburtstag des Dalai Lama.

Bibliografie

I. Über den 14. Dalai Lama und seine Vorgänger

Barraux, Roland: Die Geschichte der Dalai Lamas. Göttliches Mitleid und irdische Politik. Düsseldorf 1995

Borromée, Antoine / Dagpo Rinpoche: Der Dalai Lama. Weltliche und spirituelle Macht. München 1984

Craig, Mary: Kundun. Der Dalai Lama und seine Familie. Bergisch Gladbach 1998

Dalai Lama: Das Buch der Freiheit (Autobiografie). Bergisch Gladbach 1990

Dalai Lama: Mein Leben und mein Volk (Autobiografie). München 1962

Dhondup, K.: Songs of the Sixth Dalai Lama. Dharamsala, 1981

Goldner, Colin: Dalai Lama. Fall eines Gottkönigs. Aschaffenburg 1999

Golzio, Karl-Heinz / Bandini, Pietro: Die vierzehn Wiedergeburten des Dalai Lama. Bern, München, Wien 1997

Grasdorff, Gilles van: Dalai Lama. München 2005

Gruschke, Andreas: Dalai Lama. Kreuzlingen, München 2003

Hicks, Roger / Ngakpa Chögyam: Weiter Ozean – Der Dalai Lama. Eine autorisierte Biografie. Essen 1985

Levenson, Claude B.: Dalai Lama. Die autorisierte Biografie des Nobelpreisträgers. Zürich 1990

Schulemann, Günther: Geschichte der Dalai Lamas. Leipzig 1958

Trimondi, Victor und Victoria: Der Schatten des Dalai Lama. Düsseldorf 1999

II. Schriften und Gespräche des 14. Dalai Lama (Auswahl)

Avedon, John F.: Ein Interview mit dem Dalai Lama. München 1992

Dalai Lama / Cutler, Howard C.: Die Regeln des Glücks. Bergisch Gladbach 1999

Dalai Lama: Ausgewählte Texte. München 1980

Dalai Lama: Das Auge der Weisheit. Bern, München, Wien 1975

Dalai Lama: Der Gesang der inneren Erfahrung. Hamburg 1993

Dalai Lama: Der Weg zum sinnvollen Leben. Freiburg 2003

Dalai Lama: Die Buddha-Natur. Grafing 1996

Dalai Lama: Die Lehre des Buddha vom Abhängigen Entstehen. Hamburg 1996

Dalai Lama: Die Vier edlen Wahrheiten. Frankfurt 1999

Dalai Lama: Einführung in den Buddhismus. Freiburg 1993

Dalai Lama: Kalachakra Tantra. Berlin 2002

Dalai Lama: Kultiviere einen klaren Geist. München 2003

Dalai Lama: Logik der Liebe. Aus den Lehren des Tibetischen Buddhismus für den Westen. München 1989

Dalai Lama: Yoga des Geistes. Hamburg 1989

Goleman, Daniel: Die heilende Kraft der Gefühle. Gespräche mit dem Dalai Lama über Achtsamkeit, Emotion und Gesundheit. München 1998

Kranti, Vijay: Dalai Lama speaks. New Delhi 1990

Varela, Francisco J. / Hayward, Je-
remy W.: Gewagte Denkwege.
Wissenschaftler im Gespräch
mit dem Dalai Lama. München
1996

Varela, Francisco: Traum, Schlaf und
Tod. Der Dalai Lama im Gespräch mit westlichen Wissenschaftlern. München 1998

**III. Tibet – Schwerpunkt
»Zeitgeschichte seit 1950«**

Alt, Franz / Ludwig, Klemens /
Weyer, Helfried: Tibet.
Schönheit, Zerstörung,
Zukunft. Frankfurt 1998

Bernstorff, Dagmar Gräfin / von
Welck, Hubertus: Tibet im
Exil. Baden-Baden 2002

Craig, Mary: Tears of Blood –
A Cry for Tibet. Calcutta
1992

Grasdorff, Gilles van: Die aben-
teuerliche Flucht des kleinen
Buddha. Der Weg des Kar-
mapa in die Freiheit.
Freiburg, 2001

Harrer, Heinrich: Wiedersehen mit
Tibet. Frankfurt 1984

Harris, Melissa / Jones, Sidney:
Tibet seit 1959. Schweigen,
Gefängnis oder Exil. Frank-
furt 2000

Hinze, Peter: Tibet. Eine Reportage.
München 1988

Kelly, Petra / Bastian, Gert / Ludwig, Klemens: Tibet klagt an.
Wuppertal 1992

Lehmann, Peter-Hannes / Ullal,
Jay: Tibet. Hamburg 1998

Ludwig, Klemens: Tibet. München
1989

Ngawang, Dawa: Red Star over
Tibet. Delhi 1987

Steckel, Helmut (Hg.): Tibet, eine
Kolonie Chinas. Hamburg
1993

Tibet – Proving Truth from Facts.
Dharamsala 1993

**IV. Tibet – Schwerpunkt »Land,
Menschen, Geschichte,
Kunst«**

Aschoff, Jürgen C.: Tibet, Nepal und
der Kulturraum des Hima-
laya. Dietikon 1992

Batchelor, Stephen: Der große Tibet-
Führer. Berwang 1988

Baumer, Christoph / Weber, Therese:
Ost-Tibet, Brücke zwischen
Tibet und China. Graz 2002

Binder, Franz / Rode, Winfried:
Tibet. Land und Kultur.
München 2000

Binder, Franz: Kailash. Reise zum
Berg der Götter. München
2002

Brauen, Martin: Das Mandala.
Köln 1992

Brauen, Martin: Traumwelt Tibet –
Westliche Trugbilder. Bern,
Stuttgart, Wien 2000

Chan, Victor: Tibet Handbook.
Chico 1994

Dalai Lama / Rowell, Galen: My
Tibet. London 1990

Everding, Karl-Heinz: Tibet. Köln
1993

Fischer, Robert E.: Art of Tibet.
London 1997

Glogowski, Dieter: Himalaya, das
Geheimnis der goldenen
Tara. München 2004

Goldstein, Melvyn C. / Beall, Cyn-
thia M.: Nomads of Western
Tibet. Hongkong 1990

Goldstein, Melvyn C.: A History of
Modern Tibet 1913–1951 – The
Demise of the Lamaist State.
Berkeley 1989

Goldstein, Melvyn C.: The Snow
Lion and the Dragon – China,
Tibet and the Dalai Lama.
Berkeley 1997

Gruschke, Andreas: Die heiligen
Stätten der Tibeter. München
1997

Gruschke, Andreas: Mythen und
Legenden der Tibeter. München 1996

Henss, Michael: Tibet. Zürich 1981

Heyer, Helfried: Tibet, der stille Ruf nach Freiheit. Freiburg 1988

Hopkirk, Peter: Der Griff nach Lhasa. München 1992

Lavizzari-Raeuber, Alexandra: Thangkas. Köln 1986

Müller, Claudius / Raunig, Walter: Der Weg zum Dach der Welt. Innsbruck o. J.

Olschak, Blanche Christine: Perlen alttibetischer Literatur. Wald 1987

Poncar, Jaroslav / Keay, John: Tibet – Tor zum Himmel. Köln 1988

Powers, John: Religion und Kultur Tibets. Bern, München, Wien 1998

Rigzin, Tsepak: Festivals of Tibet. Delhi 1993

Tibet – Dokumente zur Entdeckungsgeschichte. Stuttgart o. J.

Uhlig, Helmut: Auf dem Pfad zur Erleuchtung. Zürich 1995

Vitali, Roberto: Early Temples of Central Tibet. London 1990

V. Augenzeugenberichte über das alte Tibet

David-Néel, Alexandra: Leben in Tibet. Basel 1976

David-Néel, Alexandra: Mein Weg durch Himmel und Höllen. München 1989

Govinda, Lama Anagarika: Der Weg der weißen Wolken. Bern, München 1973

Harrer, Heinrich: Sieben Jahre in Tibet. Frankfurt 1966

Harrer, Heinrich: Tibet. Zürich 1991

Hedin, Sven: Abenteuer in Tibet. Leipzig 1911

Hedin, Sven: Transhimalaya. Bände 1–3. Leipzig 1909

Landor, Henry: Auf verbotenen Wegen. Reisen und Abenteuer in Tibet. Leipzig 1905

Pema, Jetsun: Zeit der Drachen. Die Autobiografie der Schwester des Dalai Lama. Hamburg 1997

Schäfer, Ernst: Das Fest der weißen Schleier. Durach 1988

Taring, Rintschen Dölma: Ich bin eine Tochter Tibets. Lebenszeugnisse aus einer versunkenen Welt. Bern, München, Wien 1992

Tichy, Herbert: Zum heiligsten Berg der Welt. Wien 1937

Tucci, Giuseppe: To Lhasa and Beyond – Diary of the Expedition to Tibet in the year 1948. New York 1987

VI. Buddhismus in Tibet

(Buddhistische Quellenwerke und Kommentarliteratur wurden nicht in diese Bibliografie aufgenommen, außer Bücher des 14. Dalai Lama – siehe oben)

Berbaum, Edwin: Der Weg nach Shambhala. Hamburg 1982

Brück, Michael von: Buddhismus. Grundlagen – Geschichte – Praxis. Gütersloh 1998

Brück, Michael von: Religion und Politik im Tibetischen Buddhismus. München 1999

Brück, Regina und Michael von: Die Welt des tibetischen Buddhismus. München 1996

Gruschke, Andreas: Das Leben des Buddha. Freiburg 1999

Henss, Michael: Kalachakra, ein tibetisches Einweihungsritual. Zürich 1985

Lexikon der östlichen Weisheitslehren. Bern, München, Wien 1986

Manshardt, Jürgen: Buddhismus in Tibet. Hamburg 1994

Schumann, Hans Wolfgang: Buddhistische Bilderwelt. Köln 1986

Schumann, Hans Wolfgang: Der historische Buddha. Köln 1982

Snelling, John: Buddhismus. Ein Handbuch für den westlichen Leser. München 1991

Register

Dank

Ich bedanke mich herzlich bei

Irmtraut Wäger,
Begründerin der Deutschen Tibethilfe e. V.

und

Inka Jochum,
Begründerin der DANA Gesellschaft zur Erhaltung tibetischer Kultur und Medizin

für großzügige Unterstützung bei der Verwirklichung dieses Buches.

Franz Binder

Bildnachweis

Archiv DANA e. V. Inka Jochum 26, 27, 30, 31, 33, 35, 41 / Archiv Deutsche Tibethilfe e. V. Irmtraut Wäger 3, 4, 5, 15, 24, 25 / Bildarchiv Preußischer Kulturbesitz 9 / Bilderberg Archiv der Fotografen (Popperfoto) 23 / Franz Binder 6, 11, 14, 17, 28, 32, 36, 37, 39, 43 / Central Tibetan Administration Information Office 29 / Collection of the Newark Museum 21 / Corbis/Bettmann 22 / Aus Goldstein, Melvyn C.: A History of Modern Tibet, Berkeley and Los Angeles 1989 16 / Heinrich Harrer 10, 18 / Aus Lehmann, Peter-Hannes und Jay Ullal: Tibet, Hamburg, 6. Auflage 1998 (Asupi/Visions) 34 / Namgyal Monastary 42 / Aus Potala Palace, Beijing 1988 8 / Sovfoto/Eastfoto 19 / Studio Bulmer 1, 2 / Aus The New York Times, April 24, 1998 38 / Aus Tibet Forum Nr. 3/2003 (Zeichnung: Mette Dreyer) 40

Leider ist es nicht in allen Fällen gelungen, die Rechteinhaber zu ermitteln. Berechtigte Ansprüche werden selbstverständlich im Rahmen der üblichen Vereinbarungen abgeglichen.